华为从不浪费经验
让知识资产变现为可持续竞争力

庞 涛 ———— 著

中国友谊出版公司

图书在版编目（CIP）数据

华为从不浪费经验：让知识资产变现为可持续竞争力 / 庞涛著. -- 北京：中国友谊出版公司，2025.5.
ISBN 978-7-5057-6053-0

Ⅰ．F632.765.3

中国国家版本馆 CIP 数据核字第 2024S0B429 号

书名	华为从不浪费经验
作者	庞　涛
出版	中国友谊出版公司
策划	杭州蓝狮子文化创意股份有限公司
发行	杭州飞阅图书有限公司
经销	新华书店
制版	杭州真凯文化艺术有限公司
印刷	杭州钱江彩色印务有限公司
规格	880×1230 毫米　32 开 8.375 印张　　189 千字
版次	2025 年 5 月第 1 版
印次	2025 年 5 月第 1 次印刷
书号	ISBN 978-7-5057-6053-0
定价	68.00 元
地址	北京市朝阳区西坝河南里 17 号楼
邮编	100028
电话	（010）64678009

推荐序一

解码的不是案例，而是企业的成长密码

尝试解读华为的书籍有很多，作者们或抽丝剥茧地剖析，或穷举罗列地展示，或提炼总结地升华，努力地尝试解码华为在先天条件并不充分的情况下，是怎样突破层层阻碍，一步步成长起来，一步一个脚印走向成功的。而读者们也会从不同的角度去审视华为今天的成就及其背后的本质，并有所感悟和借鉴。

很多人都知道华为轮值 CEO 徐直军的名言"企业最大的浪费是经验的浪费"。案例可以说是凝结企业各个领域经验的鲜活载体，而华为怎么面对和运用案例这个工具来为组织赋能，可以说是个非常独特的视角。阅读这本书时，感觉其有盐野七生写的《地中海海战三部曲》的味道。盐野七生展示了这几场著名战役中的一些典型人物的思考、抉择、困惑、勇气、欲望、忠诚及抗争，探寻他们的行为出发点，解读中世纪欧洲在宗教、文化、思想上的演变过程，一边回答着"从哪里来"的问题，一边映射出当代欧洲格局与人文的底层逻辑。我觉得，《华为从不浪费经验》，有异曲同工之妙。

难能可贵的是，作为华为大学的前老师，庞涛老师本身就是案例开发专家，并得以成为书中很多典型案例开发和实施阶段的亲历者，包括我和我的团队都曾亲身受益。而作为公司的专家和亲历者，再回头看历史上不同阶段的华为典型案例的诞生，相信庞涛老师在此过程中定会有颇多心得，有更多角度的发现和更深层的思考。

案例是个好赋能工具，这个非常容易理解，难的是匹配。成功不是简单的复制，所以低质量案例其实是降低效率的。挖掘开发耗时耗力，推广应用形式主义，实战效果不接地气，是很多案例的通病。是不是总结一下过往的成功经验或失败教训就是案例呢？什么时候用什么案例？什么才是好案例？怎么推广和赋能？书中给出了方法，也给出了思考。

例如书中提到的"塔山"案例的由来，就是从其出发点开始琢磨，然后展开一系列问题：是什么样的业务背景下需要开发这个案例，是什么样的文化背景让华为选择了以塔山阻击战作为案例借鉴，这个案例以什么方式展现出来最合适，案例萃取的关键点是什么，推广和实施的方式是什么，收获的目标是什么，等等。只有这些想清楚了，才能真正理解这个案例中的"案例"，而理解的又不仅仅是案例本身。

华为类似的典型案例有很多，分布在不同的业务模块、不同历史阶段。非常宝贵的是，这本从华为案例视角解读的书，将它们系统性地串联了起来，建立了有机联系。读者可以思考：是成长催生了案例，还是案例促进了成长呢？这是个突破案例本身来思考其价值的问题。回答了这个问题，也就了解了为什么华为有着案例的信仰和情结。而庞涛老师的答案，就在书里了。

我想，读完全书，读者收获的是华为案例赋能工作法，又不仅仅是华为案例工作法吧！

华为 CBG 大中华区培训学院前部长　张宏炜

推荐序二

经验与热血的凝结

华为是一家了不起的企业。

它既是中国的,也是世界的。创立扎根于中国的华为,有着中国企业的特色——坚韧、勤奋、实干,了解中国的组织和文化底蕴。放眼世界的华为也深深受着国际市场方法论的熏陶——尊重规则,尊重对手,善于学习,善于借鉴,以一种恢宏的叙事和精细的方法论,感召自己的员工和客户,把自己宏大的梦想一个一个地付诸实现。

它的业务范畴很广泛,人员分布极分散,各业务阶段不尽相同。在这么广阔的跨地域、跨发展阶段、跨不同文化和跨技术类别的"战场"上,没有优秀的方法论,没有自洽的组织理念、人才战略、商业目标的设置,华为将是一盘散沙。而它克服了这一切。本书给出的视角聚焦于案例,读完全书,你将会体会到,案例的背后是一家伟大的企业如何看待、管理、激活自己最为宝贵的知识资产。

如果你有理想,如果你充满使命感,如果你期待成功,如果你不愿故步自封,如果你想走向世界,庞涛的这本书很值得一看。商业案例从来是学习商业的不二法门,而源自己企业成长的商业案例,更是经验与热血的凝结,是激活和赋能组织的最佳素材。这本书就是既有理论方法,更有实践总结的好读本。期待通过这本书,你和你所在的企业能突破自己,正如华为一次又一次地突破了自己一样。

宝宝树创始人、董事长,米茶公社银发经济创始人、董事长　王怀南

前 言

2023年5月，我接到一个企业的需求，让我帮他们定制开发一个"与零售和经销商客户双赢谈判"课程，虽然我在宝洁、嘉士伯啤酒有很多谈判的实践经历，也开发过谈判的课程，但当我真正动手开发的时候，想到的第一选择还是到网上"扒资料"。我在谷歌、百度上"淘宝"，试图找到一些能够拿来就用的内容。搜了一整天，看了无数的网页，刷了不少文库，累得眼冒金星、腰酸背疼，最终还是没有找到任何真正有参考价值的资料。悻悻中，只能回到原点，从头梳理自己过往的实践经验，结合前期对企业和学员调研的情况，思考如何将我实践中领悟的方法融进这个课程。你别说，一旦下了决心，开发过程也没花很多时间。课程开发出来后，在这家企业落地讲授的过程中反响也特别好，因为都是来自于自己的切身体会和感悟。

这个经历说明了什么？其实很多企业都知道经验的作用和重要性，华为轮值CEO徐直军说过："企业经营最大的浪费是经验的浪费。"但是当真正遇到现实业务问题需要解决时，第一选择还是去抄作业。所谓去找业务标杆对标，本质上就是想抄作业。但你会发现，第一，有时候标杆很难找，第二，抄了半天也学不会。据说，浙江有家声名显赫的企业，先学富士康，招聘了一批在富士康工作过的人，后来觉得效果不好，又学三星，再招聘三星的人，还是觉得效果不达预期，于是又决定向汽车行业学习，想导入汽车行业的标杆实践。把市面上精益生产、六西格玛管理、阿米巴管理、卓越绩效管理、流程再造等管理方法都陆续尝试一遍，但感觉还是没有实效的企业并不少见。很多时候我们都忽视了"最好的老师就是我们自己"。

这就是触发我写这样一本书的初衷，案例的背后是一个组织、一个部门应如何对待和利用自己的实践经验。照理来说，市面上关于案例开发、案例教学的书已经有好几本了，而这并不是一个很大的领域，甚至可以说比较小众，可是我在辅导很多企业进行案例萃取的过程中，还是发现他们对于案例的理解存在误区。不知道什么是案例、不理解案例是一个组织最可宝贵的知识资产、不知道如何去呈现一个案例、容易把案例写成一个流水账……更重要的是，绝大部分企业仅仅把案例当成一个萃取经验的载体，对案例其他拓展领域的理解和运用还处在一个比较懵懂的阶段。

华为作为案例学习和实践的先行者，其全方位的实践经验和特色非常值得深入探讨和学习。我觉得华为首先是把案例当成经验的载体，其次是公司故事的源泉，最后是企业精神的发端。

20 世纪 90 年代初，中国、印度差不多同时接到了苏联苏 –27 的采购邀请。苏 –27 是由当时大名鼎鼎苏联苏霍伊飞机实验设计局研制的第三代重型战斗机，是当时世界上非常先进的战机之一。因此，两国以此为契机，在三代机的研发上大体是同时起步的。中国是 1991 年跟苏联签订的采购合同，1992 年 6 月，首批苏 –27 飞抵中国芜湖空军基地。同一时期，苏联解体，俄罗斯联邦成立，印度开始跟俄罗斯接触。印度因为追求先进性能，要求压倒对手，所以后来放弃了采购苏-27，加上俄罗斯对印度更为友好，卖给印度的战机实际上是苏-27的升级版。为表示诚意，俄罗斯还专门将该机命名为苏-30MKI，这个"I"表示专门为印度（India）打造。按照印度的要求，苏-30MKI是苏霍伊第一款以西方标准设计的战斗机，采用了三翼面设计，并且装备了全新的无源相控阵雷达和机载火控系统，大幅提升了机动能力和对空作战能力。总体来看，印度的苏-30MKI在性能上要优于中国装备的苏-27和苏-30。

然而，之后的事情我们都知道了，中国逐步完成了对苏-27的技术消化，2011年就完成了自制改进型战机歼-16的首飞，并且在2013年大批列装空军，更是在2017年打破西方封锁，率先研发出全球除美国F-22、F-35之后唯一的全球第五代战机歼-20。而印度在这方面磕磕绊绊，因为更容易买到俄罗斯、法国等国的先进战机和技术，反倒养成了惰性和依赖性，到目前为止主力战机还没有实现完全的国产化，第五代机更是喊了十几年，迄今还没有看见落地的影子。由此说明，单靠抄作业是不可能系统领会经验，破解规律，形成自己的体系的。

华为在这方面恰恰走了另外一条道路：一方面很注重向西方标杆企业学习，比如IBM；另一方面非常强调对自身经验的总结、积累、内化，在这个基础上慢慢打造自己的流程体系。这种思路其实就和中国军工科研的思路如出一辙。

所以我觉得第一点把案例当作经验载体就特别值得中国企业学习，企业应该学会如何真正用好案例这个经验的载体，**内部挖宝而不是外部淘宝，要从自己的宝贵经验和知识财富中获得最大的能量。**

第二点，再深入探究还会发现案例对于华为来说是公司故事的源泉。业界经常调侃说华为是一家被手机业务耽误了的电影公司，华为历年制作的影像作品，在公司内外都会掀起巨大的波澜，被戏称为华为影业出品。仅仅在2019年上半年，P30未来影像产出的影片就包括：《悟空》《法兹》《一张图一座城》《未来之眼》《大象》。华为的广告也被认为是科技企业中走心、懂消费者的典范。例如那个著名的Mate20广告，一只身体发胖的土拨鼠，为了躲避老鹰追捕，逃命狂奔中无意中激活了Mate20手机的卡路里识别功能，结果因为卡路里过高，让老鹰望而却步，转身飞走。结尾的时候，胖土拨鼠居然对着飞走的老鹰连声尖叫，似乎是在对自己的体重感到焦虑。

华为的讲故事能力可以说在国内企业中首屈一指，这种能力是怎么来的呢？我觉得除了创始人任正非的理念影响外，很重要的一点就是在组织内部常年做文化布道。华为非常注重用案例去感染自己的员工，用故事传播文化价值观。这种能力是逐步积累的。因为在文化布道过程中，华为渐渐认识到，直击员工内心的文化价值观布道必须借助案例。只有让员工心甘情愿认同，感觉不到胁迫和灌输，他们才会发自内心地接受。而讲走心的故事，无疑是最好的方式，企业可以将价值观用这种潜移默化的方式，"随风潜入夜、润物细无声"地传递给员工。

你可以去看看华为出版的系列文化读物，比如《华为系列故事——黄沙百战穿金甲》《华为90后的故事——蓬生麻中，不扶自直》《华为系列故事——一人一厨一狗》。随意翻开一篇故事，你就能领悟到这一点，完全没有说教，上价值上得自然而巧妙，我们将在第六章中详述这其中的奥秘。

第三点更有趣，华为不仅善于利用案例进行文化价值观教育和为变革助力，还领悟到一个重要的组织经验——让员工拥有精神支柱，给故事注入精神的力量。比如，大众耳熟能详的华为"破洞飞机""芭蕾脚"等故事，不光是好的叙事，而且背后都有十分厚重的精神符号和图腾。有了这些无形力量的加持，故事更能鼓舞和激励员工，也更容易在客户、生态产业链上下游、公众等群体中引发共鸣。

华为总给人一种隐忍、悲壮的力量感，但这种力量感并不是通过大喊大叫换来的，往往只是通过一张图片传达出来。任正非在虹桥机场独自打车的照片，尽管并非官方策划，却塑造了老战士的形象；芭蕾脚的海报，看起来有些令人不适，却诠释了优雅、优美背后是无数汗水和痛苦；瓦格尼亚人在刚果河用笨重的巨大木篮，站在湍急的河流中捕鱼的海报，则是对其专注力的解读；请布鞋院士李小文代言，是传递耐得住寂寞沉浸于研发的精神；任正非经常提到那架千疮百孔依然返航的伊尔-2强击机，讲的就是没有千疮百孔，哪来的皮糙肉厚。

我个人愚见，这种做法实际上有两大来源，一个是向党和人民军队学习内化而来。譬如我们都知道延安宝塔山、西柏坡、井冈山的精神符号意义，另一方面来自于西方的宗教神话体系，比如约瑟夫·坎贝尔（Joseph Campbell）的《英雄之旅》（*The Hero's Journey*）。这种能力是华为在与西方领先企业长期打交道的过程中领悟得来的。伴随着企业经营和竞争进入新阶段，中国企业要出海征战，就要凝聚更多元文化背景的员工人心。这种领悟基础上的讲故事能力，正是大量本土企业急需提升的能力。

就像《中国企业家》杂志执行总编何伊凡在公众号盒饭财经文章中指出："企业真正存在于叙事之中，它由无数故事、金句与信念构成，是个体命运和集体命运的交汇与碰撞，最终形成组织共情。企业的核心能力就是要在变化的时代构筑稳固的叙事能力，**如果要让一家公司坍塌，就要从摧毁它的叙事入手，如果要让一家公司伟大，也要从建立它的叙事入手。**"

这些内容在本书的第四章、第六章中都有介绍和详述，也正因为如此，本书不仅讲了各类案例的萃取与开发，案例的教学，案例在复盘、变革助推和文化传播中的应用，而且希望跳出专业的案例技术，带你领略案例背后华为文化的精髓，并帮你把这些感悟转换成组织拓展业务、披荆斩棘、凝聚人心方面的能量。这也是为什么本书最终定名为《华为从不浪费经验》。希望通过案例这一载体为企业方方面面进行赋能，而不是仅仅把案例当作学习素材。

所以说到这里，本书的核心读者群是谁呢？

第一个是企业的中高层管理者。可以是各种规模企业的中高层管理者，凡是那些希望利用案例，利用好组织的经验资产来进行复盘、固化业务流程、推动变革、建设企业文化的中高层管理者，都可以看这本书。本书为这些读者提供了宝贵的视角。这些读者读完之后，不用担心专业技术的问题，这些问题可以交给企业的 HR 或培训管理者，他们在这方面更加专业，但管理者需要把握住方法背后的思维方式。有关专业方法的系统课程和工作坊，请参见本书附录。

第二个是企业内部的 HR 和培训管理者。本书特别适合具有

3~5年以上工作经验的企业HR和培训管理者，他们将从本书中学习到如何有效运用案例进行知识管理和员工赋能，如何对企业文化、核心价值观进行提炼、萃取、传播，本书会为他们带来专业的洞见和方法。

第三个是高校教师。对华为案例的萃取开发和改良版案例教学感兴趣的高校教师，可以将本书作为教学和研究的参考。

第四个是中小企业和创业型企业。虽然本书谈的是一家巨型跨国企业的经验和方法，但这些读者依然可以从本书中受益。案例赋能是华为这家企业的底色和基因，而这些基因对于华为的成长和成功，起到了不可忽视的巨大作用。而且，一个初创成长企业可能还缺乏体系和资源，但再小的企业也不会缺乏案例。

本书的特色和亮点：

第一个是主题鲜明。作为市面上第一本全面介绍华为案例全景应用的书籍，本书不仅覆盖了常规的案例萃取和开发，还深入介绍了如何利用案例来助推企业变革、解决业务难题、促进企业文化建设。另外，我们还谈到了高阶的案例萃取、隐性知识萃取等此前其他图书中难得一见的内容。

第二个是填补行业空白。本书针对行业内关于案例尚未明确解决的一些问题进行了探讨。比如文化价值观的案例到底如何萃取，文化价值观案例萃取与传统的专业经验案例萃取有什么不同，如何利用案例助推企业变革，如何利用案例提炼方法解决业务难题，案例库该如何打造，如何驱动员工愿意主动产出和使用案例等。

第三个是最新实践分享。书中分享了作者在辅导企业开发和使用案例时最新的实践素材，包括谈到了最新的AIGC技术在案例开发和案例库搭建方面的应用和前景。

最后，确保实战落地。除了大量实战案例外，本书还提供了大量的工具和表单，帮助读者快速将理论与实践结合起来。

所以，如果你通过阅读本书掌握了一些具体的案例开发和教学方法，那很好；如果你还能从书中读到一些企业故事沟通、文化传播的原理，我觉得这说明你非常有心；如果你还领悟到华为这家企业的叙事逻辑，并且启发你将它放到更宏大的视角中去观察和应用，我要更加恭喜你，因为你善于力透纸背，从图书中读到背后的底层逻辑。

一位渴求智慧的学者来到山中拜访禅师。他带来了一壶自己的茶，一边喝着一边等待禅师传授智慧。过了一会儿，禅师用手指指他的茶杯，他意识到自己杯中的茶已满，估计需要保持空杯心态，便主动倒空了茶杯，以示自己愿意接受新的智慧。禅师微笑着点头，随即拿出几个不同的茶壶，询问学者："你喜欢哪一种茶？"学者心怀期待，选择了几个名贵的茶品。禅师逐一为他倒茶，学者喝了几口，发现味道平平，并没有特别之处。

当他疑惑不解时，禅师端起学者带来的茶壶，为他重新沏了一杯茶。学者品尝后顿觉香气扑鼻，沁人心脾，远胜先前那些名贵的茶。禅师笑道："其实这些名贵茶壶中倒出来的，都只是最普通的砖茶。只因贴上了名茶标签，你便以为它们比你手中的茶更好。其实，你带来的茶，早已拥有过人的风味，只是你从未认真品味。"

希望我们一起结伴同行，重新领略我们自身和企业的宝贵经历，读完本书不仅仅是拍案惊奇，更重要的是把本书的内容运用到实际工作和生活中去。

目 录

推荐序一：解码的不是案例，而是企业的成长密码 / I
推荐序二：经验与热血的凝结 / III
前言 / V

第一章 华为的案例信仰和情结从何而来 / 001

标杆学习，华为凭什么一骑绝尘 / 003
只有案例是普适且零成本的学习方式 / 011
华为案例赋能工作法的框架与特色 / 014

第二章 改善经营：案例复盘洞见盲区 / 021

十几年的亏损，如何一次扭转 / 023
复盘之难，根在开启双环学习 / 027
都是亲历者，为何开发出来的大多是伪案例 / 032
最适合中国企业的复盘研讨会 / 039

第三章　业务解难：案例萃取一线智慧　/ 047

解决难题的方法往往来自一线　/ 049
成熟业务案例萃取的侧重点　/ 052
新业务案例萃取要关注特例和正向偏差　/ 055
提炼出背后的方法工具才能真正解决问题　/ 060
不同复杂程度的案例萃取要点　/ 069
认知任务分析揭示高手直觉从何而来　/ 075
高手的直觉和洞察力，我们可以后天学习吗？　/ 082

第四章　变革落地：透过案例凝聚共识　/ 091

前所未有的危机下，一个独特的战例点燃了队伍　/ 093
华为"软硬兼施"的变革方法论　/ 096
案例在变革不同阶段扮演的不同角色　/ 101
一架飞机模型助推了华为终端业务起飞　/ 107

第五章　锻造人才：案例成就实战练兵　/ 115

没有高强度的实战预演，还敢叫试用期？　/ 117
案例演练就是2B/2G业务的实战练兵场　/ 120
专业技能训练要聚焦和下探作战场景　/ 125
领导力训练重在通过案例还原决策点　/ 132

第六章　文化宣导：案例故事汇聚共识　/ 139

一盆冷水，浇醒了迷梦中的华为人　/ 141
会讲故事，企业文化传播才能落地　/ 144

短、中、长三种案例各自扮演不同角色 / 149

价值观案例提炼萃取紧扣冲突和纠结 / 155

运营推广，避免案例在文件柜里吃灰 / 167

第七章 激发潜力：案例教学赋能团队 / 171

上完课才知道大家都是"草台班子" / 173

你所理解的案例教学 90% 可能都是错的 / 175

案例教学是中高层团队学习的首选方式 / 185

案例教学 5 步法 / 187

老师做好引导的精髓在于状态和聆听 / 194

第八章 效能倍增：机制 +AI 驱动案例运营 / 201

华为案例库建设的思路和启示 / 203

驱动员工产出案例的 3 个要素 / 209

围绕三点让案例流转和使用起来 / 216

展望 AIGC 时代案例的生产和应用 / 219

附录　相关的精品培训 / 235

参考文献 / 248

第一章
华为的案例信仰和情结从何而来

标杆学习，华为凭什么一骑绝尘

很多人知道华为是一家敢于花钱、善于学习的企业，其中最为人津津乐道的例子就是华为于 1998 年引入 IBM 顾问，启动研发流程变革。前后历经 10 年，花了 40 亿元，终于修成了正果，华为的 IPD（集成产品开发）方法在公司牢牢扎根，为公司的产品研发和管理、流程化运作奠定了坚实基础。

因此，2008 年 2 月 29 日，华为董事长孙亚芳率领 50 余名高层干部，在坂田基地高培中心举行盛大的欢送晚宴，隆重答谢 150 多名 IBM 顾问在过去 10 年间给予华为的指导和帮助。

由于长期密切地并肩作战，在酒会现场，华为一位负责管理变革的副总裁失声痛哭："尽管对 IBM 来说，这只是一个商业咨询项目，但对华为而言，却意味着脱胎换骨。"

IBM 的资深顾问则感慨地说："过去的 10 年里，我们耗费了无数的心血和精力，甚至把心也掏给了华为，我们为有机会把华为改造成一家跨国公司而甚感欣慰与骄傲。"

不知你是否意识到，这个感人的故事背后其实折射了一个尴尬的事实，那就是中国企业学习欧美标杆的不止华为一家。而当华为成为国内标杆企业后，很多企业学华为也是一掷千金，态度诚恳，但是大家学来学去，真正像华为学 IBM 一样，把本事学到家的却寥寥无几。这是为什么呢？

原因当然有很多，但其中有一条重要的原因在于华为是**双轮学习**，而很多企业是**单轮学习**。所谓双轮学习就是既注重向标杆学习，又注重向自己的经验教训学习；而单轮学习则只关注向标杆学习，不善于内化总结。组织跟我们每个个体一样，就学习的途径而言大体就是两个，一个是跟高手学，一个是总结和反思自己的经验，两者并行不悖。当企业在某一领域和主题刚刚起步，积累还不多不深，同时该领域又有行业经验和方法可以借鉴的时候，自然首选标杆学习（如图 1-1 第二象限）；但当自己已经有了一段时间的实践和积累后，就应该逐渐转向总结自己的经验和教训，把外取和内萃结合起来（如图 1-1 第一象限）；随着实践继续深入，则逐渐走向对自己的经验进行萃取整理为主（如图 1-1 第三象限）。

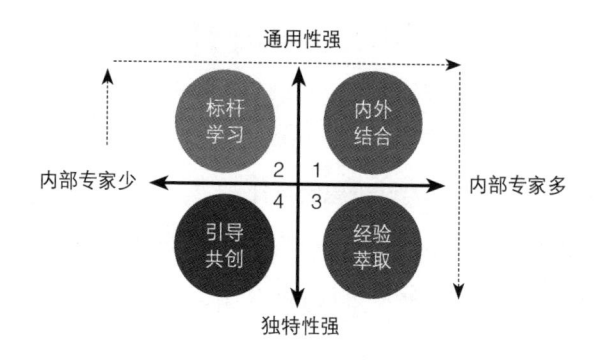

图 1-1　组织学习情境适配矩阵

华为非常注重和舍得花成本向世界级的高手学习，与此同时，又非常强调总结自己的经验和教训。就像 2018 年 3 月，任正非在产品与解决方案、2012实验室管理团队座谈会上的讲话中提到那样："研发要做智能世界的'发动机'。""研发能不能规定每天留一个小时复盘？复盘的时候，大家坐在一起喝杯咖啡，反思一下今天的工作。多次复盘完了以后可以建模，模型不一定要数学的，可以定性的也可以定量的，技巧方法传下去了，下一次操盘就容易了，这样新员工也就发挥了作用。可以成立一个导师部，一些有战功的优秀干部和专家，他们有丰富的作战经验，也乐于和大家交流分享，可以让他们去指导新员工和帮助基层主管提升能力，工作指导正确了，问题就少了，评审就少了，效率也就提高了。"

所以，你知道的是二十多年前华为从IBM引入IPD流程，但你不知道的是在此基础上，华为每年、每月、每周都在复盘和改进。IPD从1.00到8.xx迭代了数百个版本，凝聚了华为近十万工程师无数个项目的经验和教训。

这其中，正向总结有把事情干成，把产品和解决方案竞争力做到全球领先的流程、模板、工具；反向总结有无数的设计红线和核查清单（checklist），确保"不二过"（不重复犯别人或业界犯过的错误）。

这样，经过华为双轮学习的不断淬炼和20多年的发展，IPD才成为一个庞大的方法论、工具、流程和管理体系的集合，应用广泛，也让华为产品创新能力和企业竞争力获得大幅度提升。

而我们国内的很多企业就缺了后面这个轮子，只注重像华为、阿里这样的标杆学习，但是不注重对自身经验的沉淀、总结和内化，这样就像独轮车一样，很难走得远。

那么华为为什么这么推崇向自己的经验和案例学习呢？

第一是华为的业务模式决定的。华为起家的业务是 2B 的运营商业务，打交道的是全球各地的通信运营商，合作的方式主要是围绕一个又一个的通信项目，所以华为这样的业务特点自然形成了项目制的组织和运作方式。而全球运营商一共也就 300 多个，这就导致了 2B 的运营商业务是以项目方式开展的。而不同地域之间的项目具有较强的共通性，无论是前期的销售谈单还是后期的实施交付，本质上都有很多类似的地方，而且跨度周期非常长，所以如果不注重对项目案例的复盘和总结，就会重复在同样的坑里跌倒，持续付出惨痛的学费和代价。反之，善于通过案例总结一个项目当中的经验教训，则会在其他同类项目中避开巨大的陷阱，带来可观的效益。

譬如 2008 年年末，全国最大的一张 CDMA 网花落广东电信，这是 2008 年国内 C 网最大的交付项目，涉及全省多个地市、5000 多个 BTS 站点。

广东电信为实现 12 月底 189 放号，11 月上旬突然定下广东全省 8 地市紧急全网搬迁需求，工期从 4 个月压缩到 1 个月，要求 11 月中旬到货动工，12 月 25 日前完成 5000 多套 BTS 站点搬迁。华为因此面临多重严峻考验：

1. 工期紧：客户突发性紧急建网任务，要求 30 天内搬迁完成客户几年来分批建设完成的 5000 多套 CDMA 站点（相当一个地区部半年的交付量）。如此高密度交付量的项目并无前期经验和设备可以借鉴和依托，形势不乐观。

2. 项目复杂：上述 8 个地市原来使用的阿朗（阿尔卡特－朗讯）无线系统接口不对其他厂商开放，需要撤换，而阿朗技术人员现场交接不利。网络的替换和新建要整体联动，无缝切换，其平稳过渡难度系数非常高。

3. 施工资源严重不足，人员缺口巨大：常规情况下5000多套BTS站点搬迁，业界每8个站点，需要10支工程队伍相互配合，负责工程勘测、绘制图纸、送货、拆卸、搬迁、调测等，正常的工期为3个多月。而且此项目地域分布广，跨度大。经公司工程负责团队与一线工作人员讨论确定，至少需要500支站点施工队伍入场操作进行支持，并要求资源在极短时间内汇集到位。

4. 培训时间不足：12月正值春节前夕，广东地区用工荒严重，临时人员的招聘都出现困难，所以在人员选择方面没有太大的余地，只要有人就接受。而网络的对接需要至少有部分专业人员的技术支撑，但是招募的大部分人员几乎没有任何相关经验，局势可能难以掌控。业界周知，网络割接需要专业的技术，按正常的情况，一定要专业的技术人员或者具备丰富安装经验的操作人员才可以进入一线进行作业。在以往的安装项目中，华为和竞争对手派出的现场人员都必须具备安装职业认证证书，并通过相关严格考核。为了使人员的技术水准达到业界领先，华为设立专门的培训学院，对人员进行实战培训，只有顺利通过培训和考核的人员才可以入选。一般的培训时间要在1个月甚至更长一些，而这些培训只是针对有通信业学习背景的正式员工。

5. 监控管理难：如此众多队伍进行密集施工，站点搬迁场景多，对庞大施工队伍的监控管理和组织协调难度非常大。8个中标点，500支队伍，上千人，如此庞大的团体，不论是谁监控都非常有难度。现场对接的效率、站点到货接收的能力、服务的满意度、难点解决能力都令人担心。同时，此时华为还有正在进行的另外三大安装项目，专业人员的调配难度越来越大，要输出监管人员和专业协调人员较为困难。

基于以上严峻的形势和情况，华为严阵以待，派出上千名精兵强将，一个多月时间里几乎吃住都在客户现场，折腾得人仰马翻，才终于赶在工期内支持广东电信 CDMA 网成功割接上线。正是在这个过程中，华为大学敏锐地识别出这一项目当中蕴含的经验教训的价值。在得到公司高层认可后，选派二十多个骨干不遗余力，深入一线业务现场，跟一线将士们同吃同住，萃取整理了三大本 CDMA 网络优化案例集，把广东 C 网割接过程中的经验和教训进行了系统的总结。当三大本案例集印制完毕呈现在华为大学指导委员会一干高管面前时，得到了大家的交口称赞和一致好评。这份资料太宝贵了，广东电信 C 网是国内 CDMA 第一网，接下来在北京、无锡、厦门以及全球其他地方还有很多类似项目等待割接上线，这个项目当中的血泪教训，将成为之后项目交付的宝贵知识财富。

第二个原因是错题本文化。华为作为一家高科技企业，从成立之初，员工主体就基本上是名牌大学毕业生，后来则基本上以 985、211 院校的毕业生为主。在中国这种应试教育体制下，能进到这些院校的学生都有一个独门秘籍，那就是善于总结错题。他们深知，在一次考试和练习当中，错过的题目是宝贵的经验财富，因为这次犯过的错往往暗含着没有吃透弄懂的知识点和解题规律，在后面的考试中还会不断地重演，所以必须注重对错题的梳理和总结。

这样的学生大批大批地进入华为工作，自然也把这种错题总结的习惯带到了企业，善于总结工作当中的经验和教训。当他们发现工作中的项目案例、管理案例实际上就是学生时代的错题时，会不由自主地拥抱这一文化和习惯。外界往往认为华为人培训多，实际这是一种误解。华为人工作强度很大，尤其一线业务骨干和专家，忙着工作，接受正式培训的机会还是挺难得的，遇到问题快速翻书查资料、找高手请教、高效自学才是华为人的学习底色。这其中善于通过案例对自己的经验教训进行系统化总结沉淀，就是自学能力强的一种突出体现。

第三个原因是军事思想与智慧的渗透和影响。在《华为训战》一书中，我提到华为长期效仿学习的标杆包括中国人民解放军和美军。两者都特别强调及时的战地研讨和复盘。中国人民解放军及其前身无论是在红军时期，还是后来在抗日战争、解放战争直到抗美援朝期间，都非常擅长在战斗和战役结束后立即总结经验。而美军推崇"递近战场，高效复盘"，并总结出全球知名的AAR（After Action Review，行动后总结）方案，此方案重点有三：训练接近实战，结果记录在案，训后进行即时复盘与点评。

受此启发，华为结合美军的AAR思想，采用接近真实商战场景的训战与复盘方式，来快速提升员工的技能。

华为曾进行过一个名为"铸剑行动"的项目，模拟真实的项目拓展过程。在这个过程中，不同团队模拟不同对手进行对战，有经验丰富的导师进行指导，结合实际项目演练，再进行复盘。这样一个训战，不仅仅是课堂培训，而是集训练、实战与复盘于一体，比单纯的授课形式提升了10倍的效率。

互联网企业的节奏虽快、业务多变，但许多优秀企业依然高度重视战地复盘。例如，像华为一样，阿里巴巴也推崇汲取军事智慧，甚至专门在人力资源体系中设立了"政委"一职。而且，阿里每年在"双十一"购物节结束后，都会立即组织各部门进行全面复盘总结，为未来的业务发展提供指导。

例如，2015年，阿里巴巴创下了912.17亿元的"双十一"交易额，创造历史新高。但随着交易量的增加，物流、售后等环节面临了巨大压力。当年的"双十一"结束后，阿里便迅速组织复盘，具体过程如下：

数据收集与分析："双十一"结束后，阿里巴巴立即收集运营数据，包括交易量、物流速度、用户反馈等。通过数据分析，识别出运营中的问题与瓶颈。

部门协同会议：各相关部门召开复盘会议，分享数据和问题。例如，物流部门报告配送延迟情况，客服部门反馈售后问题。

问题定位与原因分析：在会议上，各部门共同分析问题的根本原因，如物流延迟可能源于某些地区的仓储不足，售后问题可能是商品描述不清晰造成的，等等。

制订改进方案：针对识别的问题，相关部门制定具体改进方案。例如，增加重点地区仓储容量，优化商品页面展示，提升客服培训等。

落实与跟进：各部门根据改进方案付诸实施，并持续关注相关指标，确保问题得到有效解决。

通过复盘，阿里巴巴在以下几个方面取得了显著改进：

物流效率提升：优化仓储布局与配送流程，缩短了配送时间，提升了用户体验。

售后服务改进：加强客服培训，完善售后服务流程，降低了用户投诉率,提升了用户满意度。

技术保障增强:升级技术架构,确保系统在高并发交易场景下稳定运行。

因此,阿里巴巴通过及时复盘,总结经验、识别问题、制订并落实改进方案,不断优化运营流程,提升了用户体验,为未来的业务发展奠定了坚实基础。

所以,华为从组织学习的根本规律出发,结合自己的朴素认知,从标杆的先进做法中汲取智慧和力量,扎扎实实开展案例总结,又从案例复盘和总结当中获得了现实的收益和好处,就此案例和案例赋能的文化在华为扎了根,并且成为大家津津乐道的话题,最终为华为的学习、赋能注入了强大不绝的动力和活力。

只有案例是普适且零成本的学习方式

我打网球有二十几年了,一天晚上,我正在收拾我的网球包准备离开球场。这个时候,我突然看到前面有个黑影还在黑暗中捧着手机看视频。我很好奇,上前才发现正是刚才和我打球的球友老林,"你在干吗呢?"我问他。老林说:"我在回看刚才的比赛录像啊。"我说:"这有什么好看的?"他说:"习惯了,打完球如果不对照自己刚才的表现去提升,其实到外面请教练也没啥用,而且费用不便宜,一次课要五六百元,我每次比赛完都会回看自己的动作,看看哪里没做到位,这样回去练习的时候就可以有针对性地改进和提升。"

我忍不住问他:"你打球多久了?"老林回答:"我才刚刚打

了四年。"我吃了一惊，因为他四年的水平已经和我差不多了。谁知道他接下来的一句话让我更是惊讶。他说："你当心喽，我再练上一段时间，估计你就不是我的对手了。"然后爽朗地哈哈大笑。听完这话，我愣了一会儿，似乎明白了为什么他能进步这么快，而自己则一直在目前水平原地徘徊了。

回到企业经营和管理中，很多企业领导者都明白，学习和成长是持续进步的关键，然而，他们往往倾向于从外部寻找标杆，通过高昂的培训和咨询费来获取先进的管理理念和技术。这就像网球爱好者一味找教练给自己教、练动作，虽然这也是网球技能提升的重要一环，但我们不能仅仅靠教练来提升球技。实践和实践基础之上的总结复盘，往往更为重要，却时常被忽略。这就相当于企业内部的实践案例，善于利用案例来学习，不仅更具针对性，而且几乎是零成本的。

正是认识到这一点，华为高层才经常讲："一个企业最大的浪费就是经验的浪费。我们如何把经验和教训转变成能力，不在过去摔过的坑里跌第二次跤，把我们成功的经验实现规模复制，这才是实现企业长治久安的关键。"

举个例子，大概十多年前数据显示，华为销售给斯里兰卡客户的一批终端产品返修率特别高，考虑到这款产品是卖得很好、也卖了很长时间的一个产品，在其他国家和地区的质量表现都很好，研发部门就派人到现场实地调查。

问题定位后发现是因为斯里兰卡气候比较潮湿，产品电路板中两条线腐蚀后连在一起造成了短路而导致的返修。

根因分析后有几个需要改进的点，其中一个是产品标准中对于两条线之间距离要求不足，需要预留设计余量，标准部门立刻修改了标准，并把这一条规则写到了硬件开发工具中。当下一个项目的硬件工程师设计的电路图中又有不符合要求的情况时，开发工具会自动报警，这样就从源头上避免了这样的错误再次发生。

当然，在华为不仅仅强调失败案例的复盘和总结，更强调成功案例的总结。

荣耀虽然已剥离华为，但作为华为曾经的一个子品牌，第一代荣耀手机并不是以品牌的形象出现，而是一个产品系列，产品一上市就好评如潮。好评的背后肯定有成功的原因。调查后发现消费者认为那款手机续航时间特别长，这给管理团队很大的启发。经过了一段时间的研究，华为确定了三个方向是可以做成产品优势、也是有华为特色的：

一个是通信信号。这是看家本领，毫无疑问必须要做好，而且华为也很有信心可以做好；第二个是手机续航能力，把荣耀一代的优秀基因继承到所有产品上去；第三个是图片处理及拍照相关功能做到业界最优。事实证明华为手机在这几个方向的发力，确实起到了很好的效果，也获得了消费者的认可。

所以我们看到，在一次不经意的业务成功中，华为如何识别和洞悉背后可以挖掘和复制的规律，这种延续和扩散，可以为企业创造巨大的价值。

而对于重大的失败或者成功，全方位的复盘是知识沉淀、组织持续进步的重要手段。就像"复盘"是棋手最好的学习与提高手段一样，每一次成功和失败（包括自己的也包括竞争对手的）都是我们最好的学习案例，因此必须学会在实战中进行总结与举一反三。

不一定每个企业都能找到合适的标杆,找到标杆也不一定每家企业都有充裕的预算,但是成功和失败的案例每家企业都有,无论规模,无论阶段,这是企业取之不尽用之不竭的宝贵财富。正是从这个意义上,我认为,**只有案例学习是普遍适用于各类企业且近乎零成本的学习方式。**

华为案例赋能工作法的框架与特色

案例大家并不陌生,它最早来源于美国的商学院和法学院,像哈佛商学院和毅伟商学院都以案例教学和自己的案例库享誉世界,国内像华润、建行、中粮等领军企业也都对案例在企业的推广应用做过专项的研究。跟他们相比,华为的案例赋能工作法仍有自己的鲜明特色,表现在以下几方面。

1. 理解深。案例与基于案例衍生出来的知识成果(譬如 IPD 实践过程中总结的组织软件过程[1]、项目数据、能力基线、工具库、风险库、经验案例库和缺陷预防库等),在华为看来不只是经验和教训总结,更是企业经营过程中知识资产的汇集与沉淀。华为是一家智力密集型的高科技企业,就像《华为基本法》里所提:"我们强调,人力资本不断增值的目标优先于财务资本增值的目标",知识资产的积累与深化,本身就是人力资本增值的重要体现,这种对知识和智力资本的高度重视,使得华为对案例等知识资产的价值,

---

[1] 指一个组织在开发、维护和管理软件过程中所遵循的一系列活动、方法、实践和规则的集合,它涵盖从软件需求分析、设计、编码、测试到维护等各个阶段的组织层面的规范与流程等。

有着非同寻常的认识。同时,如前言所述,在华为看来,案例除了是经验载体外,还是故事源泉和精神发端。吴伯凡老师说:"**与其认知升级,不如思维越狱。**"正是这样的认识,打破了传统案例应用的边界和藩篱,指导着华为的案例赋能实践呈现出百花齐放、多姿多彩的样式。

2. **应用广**。华为在自己的案例赋能实践中,逐渐形成了"三硬三软"六大核心应用场景。"三硬"是相对来讲比较直接作用于业务的应用,我称之为业务赋能领域的实践,分别是面向过去的通过案例复盘完善经营的机制流程,面向当下的通过案例萃取出方法诀窍、辅助解决业务难题,面向未来的通过案例研讨凝聚人心统一共识、助推业务变革。"三软"是更加指向人和组织的应用,我称之为组织建设领域的实践,分别是借助案例赋能加速人才培养,借力案例故事促进文化的内外部传播,开展案例教学引领学习型组织的

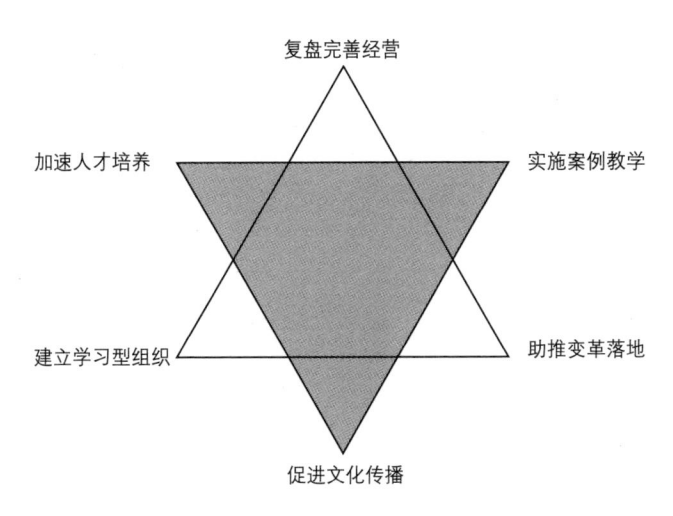

图 1-2 华为案例赋能的六大应用场景

建立。在这六大核心应用场景牵引下，华为的案例获得了非常广泛的应用，从而帮助华为把案例的价值不断延展和深化。这就好比核心食材同为豆腐，有些地方只能做一些麻婆豆腐、家常豆腐这样的常规菜肴，而在北京延庆柳沟、安徽淮南这样的地方，却可以利用豆腐做一桌脍炙人口的豆腐宴。

3. **萃取透**。因为有丰富的应用场景作为先导，所以华为的案例萃取往往目的性强，目标清晰明确，这样就使得萃取有的放矢且比较透彻。比如众所周知的"马电事件"（2010年8月5日，马来西亚电信CEO给时任华为董事长孙亚芳写了一封公开的投诉信，反映华为交付不达标准，专业资源投入不足等一系列问题，从而引发华为内部的震动和反思）这样的一个突发事件，因为华为本来就正在思考要如何把"以客户为中心"的核心价值观深入贯彻下去，所以这一负面事件的发生就提供了绝佳的鲜活素材。再比如前文所说的广东电网C网案例集，因为有指导后续类似项目少走弯路的现实需求，所以它可以带着明确而紧迫的业务目的出发。这样一来，华为的案例萃取不但容易得到业务部门和高层领导的支持，萃取也会因为目的明确而更加实用。

另外，在这个过程当中华为也注意博采众长，整合借鉴了不同领域的方法，不但吸收了哈佛商学院、毅伟商学院的案例教学法，也对标和学习了美军AAR、同行协助等方面的一些方法，还包括英国BP石油经验教训总结的方法，都被它整合进来。加上华为自身平台大、业务场景多，锤炼和实践就比较扎实，所以它的案例萃取，在提炼干货和方法论这个部分也更加透彻。

4. **机制牢**。最后就是机制。为了促进华为各级员工源源不断地总结和生产案例，以保证源头活水，华为在任职资格里面专门设了专业回馈一项（参见图 1-3 组织贡献一栏）。

标准项	认证的主要形式
知识/技能	考试、实操
行为标准	行为举证、关键行为事件、专家评估、认证答辩会、部门评议
个人绩效	绩效评价
组织贡献	案例沉淀、新人带教、课程开发与授课、担任认证专家

图 1-3 华为任职资格框架

另外，华为建立了一线人才的案例曝光机制，即如果一线有好的实践，华为非常鼓励业务专家和他的上级及时进行总结，并与其他区域或公司进行分享。在华为，这对案例亲历者和上级都是一件非常光荣的事情，亲历者获得曝光和扩散影响力的机会，而他的上级则博得知人善任的美名。善于带领团队总结方法并无私跟其他区域分享，这些都是华为认可并鼓励的领导者特质。有了这样一些机制，就可以保证大家不会把好的思路和方法捂起来、藏起来。反观不少其他企业，往往把基于工作实践和经验总结形成案例的工作看成纯粹的负担，甚至把自己的独特方法掩藏起来，生怕一个公司里其他人学了会抢走自己的客户或机会。而华为通过这些机制和手段，保证了案例能够持续地生产和流转起来，不断在流转中创造价值。

在华为内部，经验萃取被称为知识收割。意思是经过实践检验的知识、诀窍、方法，就像地里成熟的庄稼，有待收割，我们正好可以借助这样一个类比来总结华为案例赋能工作法的特色和全貌。

就像农户在自己的土地上播种、繁育一样，农作物成熟了，就要及时进行收割。华为也倡导和鼓励大家在自己的业务领域开垦耕种，各类知识成果一旦成熟了，就可以经由复盘和知识萃取等手段持续不断地收割。收割完之后，小麦、稻谷和玉米等农作物需要尽快地运送到下一环节而不能单纯囤积起来，这就好比华为的流转和分发机制，确保了案例等知识成果可以流动起来，避免积压和腐败变质。我们都知道，收获这些农作物原料后，还需要对它们进行深加工，例如玉米加工成玉米糖浆、玉米乙醇、玉米纤维后，才能提升附加值，而华为上述的"三硬三软"应用场景，就相当于各种深加工，最终在这些应用场景里让案例的价值发挥到最大。

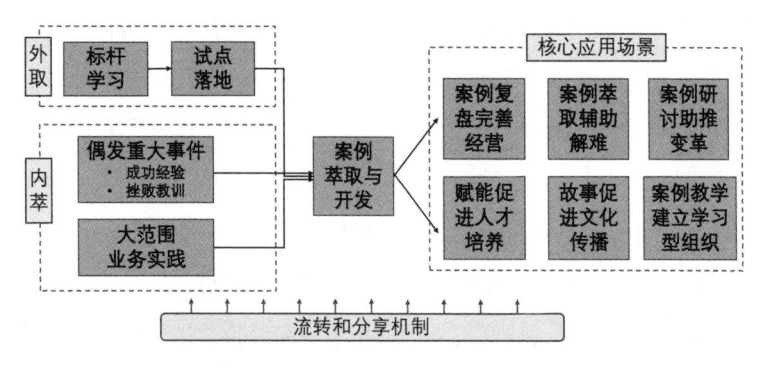

图 1-4 华为案例赋能工作法逻辑脉络

由此可以梳理总结出华为案例赋能工作法的逻辑脉络（如图1-4）。在华为，案例的产出主要有三个来源，可以概括成"一外两内"。外就是外部标杆学习过程中，引入了外部先进的理念方法，在华为的土壤上实践验证和改良后形成自己的案例，如通过 IBM 引入 IPD 并形成华为的实践总结。内就是内部实践的提炼萃取，包括一些偶发重大事件当中的复盘总结，如马电事件这一突发客户重大投诉的教训总结、初代荣耀系列产品上市的大获成功（如前文所述）；还有一类内部萃取就是大范围业务实践的及时总结，如 2019—2021 年华为拓展 5G 市场初期，在全球率先商用 5G 战略高地，有意识地组织战略预备队萃取了一批 5G 项目案例，为公司累积了"第一碗水"，指导了后续的业务落地实践。

无论来源是哪一个，业务实践都需要经过各种形式的案例萃取与开发，才能形成完善可用的知识成果。然后就是在我们前面所说的"三硬三软"六大业务场景下应用，创造价值。案例赋能工作法是一条从生产到分发再到落地的链条。当然，也有很多情况是先有业务场景的明确需求，然后公司再定向组织案例萃取和开发，以满足特定场景下的需求。上面所说的 5G 项目案例的萃取就属于这种以终为始的情况，先有公司把 5G 市场突破作为"上甘岭"，然后组建了 5G 战略预备队，再然后才有为了累积 5G 项目打法，有意识地围绕 5 大场景 20 多个子场景萃取了 4000 多个的案例，由此系统摸索和总结了 5G 项目的经验和打法。

如果没有一套完善的运营和流转机制，华为就不可能确保案例的持续生产、加工，也无法保证加工生产出来的案例，能够持续不断地流动起来，让更多人使用，最终转化为公司的知识资产。

第二章

改善经营：案例复盘洞见盲区

十几年的亏损，如何一次扭转

华为从 1996 年起开始开拓拉美 B 国市场。1999 年华为在 B 国正式注册公司。虽然一开始在 B 国起步困难重重，但华为一直遵循"以客户为中心"的原则，努力拓展市场，聚焦本地运营商能力的提升，借助 B 国从 CDMA 制式向 GSM/UMTS 转化的契机，在 2006、2007 年开始大规模进入 B 国无线市场。

2006 年以前，B 国 Vivo 原是全球第三大 CDMA 运营商。随后，Vivo 的 CDMA 网络受到了 GSM 网络的冲击，用户不断减少。最终 Vivo 选择华为和爱立信作为 GSM/UMTS 网络承建商。从 2006 年 8 月合同签订到 2007 年 1 月，华为全体员工艰苦努力，率先完成了 2788 个站点的交付。供应链 220 名员工全天三班倒 24 小时工作，交付工程师最快 17 小时交付一个站。网络交付后，Vivo 一个月就发展了 30 万用户。Vivo 的首席技术官哈维尔·罗德里格斯·加西亚随后祝贺道："你们创造了 B 国通信的历史，用六个月完成移动网络交付。这是迄今为止世界上最大的一项 GSM 工程，其他公司都没有勇气接受这一挑战，但你们克服了重重困难并成功做到了。"之后 Vivo 顺利升级成为 B 国最大的移动运营商，而华为也成为 Vivo

最大的供应商。[1]

就这样，拓展 B 国市场十多年后，从一穷二白起步，一个又一个项目的宣讲，测试，投标，中标，交付，扩容，看起来 B 国市场前景巨大，市场拓展也是捷报频传。然而，拓展的实际成果和利润呢？会发现用一塌糊涂都不足以概括。因为在 B 国的利润是一个大大的负数，是负债累累，连续亏损十多年，仅 2011 年度预计亏损就高达上千万美元。

然而，因为 B 国本地化做得好，本地员工比例高达 90%，几任管理层为了不打击和影响员工尤其是本地员工士气，一直对亏损避而不谈，这样怎么可能扭转亏损呢？2013 年任总来到 B 国，在全体员工见面会上，任总挑破了"脓包"，并特意强调，B 国代表处只有越开放，才能使得全体员工的智慧发挥得越多，才有可能扭转困难。这样，以这次到访为契机，公司和 B 国管理层发起了深刻的复盘和检讨，上上下下掀起了大讨论。管理层专门征集了不少本地员工加入讨论，问他们认为 B 国迟迟不能盈利的根源在哪里？为什么是这些原因，而不是其他的？哪些是我们已经识别清楚，需要坚定不移推行的，哪些是还处在盲区仍然没搞清楚的？就这样，代表处锁定了以下除了组织和人员之外必须攻坚克服的三大症结：

1. **税制、法律规定太复杂带来合同、开票等一系列连带问题，推高了成本。**

在 B 国的合同文件，大概一年就 9 万多份，相当于华为整个合同文件的一半。而背后最主要的问题就是税制、法律规定太复杂，

---

[1] 人民网，2013-04-21，中国企业走出去——华为：中国创造扎根巴西，http://world.people.com.cn/n/2013/0421/c1002-21221804.html。

究其原因也很奇葩，在 B 国如果要把货拿去安装，从这个州运到另一个州，因为各州的法律不一样，税制也不一样，每运一次都得开发票，我们叫"货票同行"。这是一个典型的例子，能够说明 B 国市场为什么要那么多发票、那么多 PO（采购订单），这也造成文件特别多。

华为公司全球都上了 ERP（企业资源计划）系统，做合同的自动管理，但在 B 国推行不了。直到 2011 年在 B 国才开始上线试运行 ERP，仅处理这些合同文件都要 60 多人，高峰期有 100 个人，下 PO、写合同文件、写发票。你要把货物从这里运到那里，要向政府申报，申报的时候还要把发票拿去交税。发票、税单给了你之后，你才能订在一起，跟着货一起从这儿运到那儿去。

这还只是 B 国法律规定复杂的一小部分。另外各种各样的税务也特别复杂，州税、地税、跨境税等。总的税率百分之二十几、三十几、四十几的都有。

后来华为下定决心要在 B 国做本地生产，就是为了解决高税率的问题。做本地生产还不能做简单组装，SKD（半散件组装）还不算，一定要做 CKD（全散件组装）。CKD 是指要做电路板级的生产，只有这样才可以享受 B 国本地生产的税率，否则进口税特别高，甚至可以到 50% 以上。

2. 量大、距离远导致运输成本、库存管理和囤货等开支攀升。

距离远就造成了一系列的问题，如运输成本高、如何满足客户对响应速度的要求等。距离远是现实情况，但客户不管距离远近，他今天决定了干什么事，明天就希望你把货运过来。国际上通行的是两个星期到货，但是华为在当地业务走海运要两个月的时间，两个星期根本无法实现。那怎么办？只能囤货！囤货就是成本，而且囤的货也未必是客户要的，那就会造成退货、跌价等损失。

假如用户要的东西我们没有囤货，那怎么办？只能借助空运。空运成本要比海运高很多，譬如华为2006年不惜一切进入B国，做Vivo的GSM项目。这个项目对华为来说太重要了，是第一次移动网络突破战略级客户，公司将其作为一个大的战略项目，董事长亲自挂帅，一定要把这个项目交付好。客户要求的时间就是在圣诞节前放号，业务网络开通，而华为拿下项目的时候已经是7月。3000个基站中大部分是交钥匙（Turnkey）工程，短短5个月，时间十分紧张。这么庞大的一个网络，而且距离那么远，如何在要求的时间内把产品运到B国，这是一个巨大的考验。

后来当然耗费巨大资源搞定了。据客户后来开玩笑说，这一过程连美军情报系统都注意到了，怎么从中国海运、空运（大部分是空运）了那么多机柜过去，全是去往B国，这些大箱子里面装的是什么？其实主要就是通信基站，还有铁塔，基站都是从中国运过去的，而铁塔有的不是，有的是。另外，当时华为的分布式基站还没搞出来，有大量的馈线。馈线也很重，四五十米高的铁塔，需要很多的馈线。据估计运送这些集装箱先后包船就达10艘，运输场面很壮观。在那么密集的时间内，从中国运输了那么多东西到B国，这都是巨额成本，是因为距离远造成的一系列成本。

如果是在国内或附近，华为很快就能响应，但是在B国就响应不了，这就造成了额外成本。临近的A国市场为什么没有这么严重的问题呢？因为A国市场量小，规模小，不像B国市场规模大。量小华为还可以反应得过来，量这么大就反应不过来。所以，第二个主要的问题就是距离远、运输成本高。

3. 欠缺 IT 系统支持，运作极为低效。

面临这么多复杂的业务难题，没有 IT 系统只能低效运作，只能靠人拉肩扛。那么之前为什么在 B 国不搞 IT 系统呢？又是因为当地的税务和法律规定太复杂了，公司的 IT 系统在当地不适应，满足不了当地的税务要求，票都开不出来，只能靠手开。2012—2013 借助复盘的契机，推动华为下了决心，IT 流程变革必须同步跟上，绝不能再畏惧困难。就这样经过艰苦的推动和试运行，系统终于上去了。仅仅在试行阶段时，B 国当地公司负责开发票的人手数量就下降了一半，而且开票还更加顺畅了。

这样，经过复盘锁定问题之后，华为上下一心、攻坚排难，2013 年就在 B 国实现了历史性的扭亏为盈，2014 年合同金额超过 15 亿美元，之后一直稳步增长，B 国逐步成为华为的主要粮仓之一。

复盘之难，根在开启双环学习

在华为内部，这个扭亏为盈的案例是一个非常经典的复盘案例，每每被公司高层用来鼓励当前经营不善的国家和地区分部高层做好复盘和检讨。然而，不知道你读了这个案例有没有一个疑惑，那就是为什么这个问题存在了十几年，直到任总亲临一线介入，才真正启动了对问题的深度剖析和检视，之前都干吗去了。这就引出了我心目中复盘的真正难点——双环学习。双环学习（Double-loop Learning）是克里斯·阿吉里斯（Chris Argyris）和唐纳德·舍恩

（Donald Schön）提出的一个概念，用于描述个人和组织在面对问题时不仅改变策略和行动，还能反思和修改行动背后的价值观和假设的学习过程。

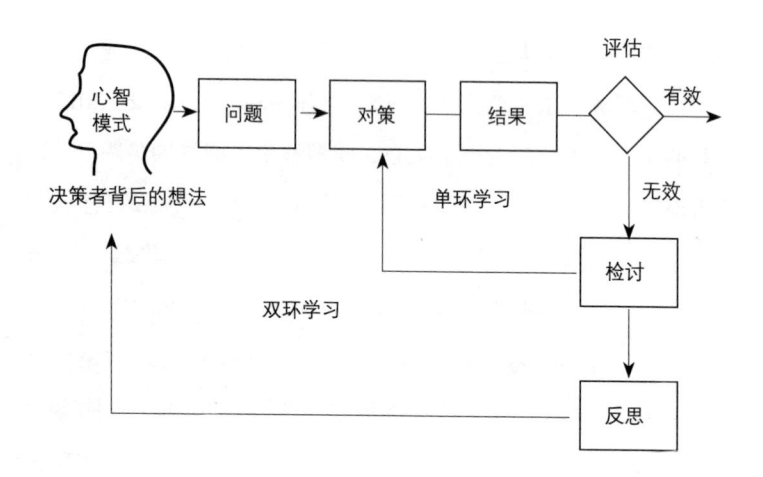

图 2-1　单环学习与双环学习示意图

单环学习者只知道根据策略选择去做事，如果事情结果不好就尝试换一种选择。

华为的案例，之所以连续亏损了十几年却一直没有开展深刻的检讨和复盘，客观经营环境的复杂和限制当然是一方面，但是一些被管理层视为天经地义的假设才是妨碍深度反思的根本桎梏。例如"在B国做生意就只能接受现状""把亏损公之于众会损害士气得不偿失""亏损了这么久，公司都接受了，冰冻三尺非一日之寒，我又不是神仙，何必给自己找麻烦"，等等，这些假设不被刺破和质疑，就会使亏损像"皇帝的新装"。

而之所以假装没看到，难以开启双环学习，是因为领导者往往需要非凡的勇气和超然物外的智慧才能觉察和调整自己的心智模式，这方面最为著名的案例是英特尔停止内存生产。

当时，英特尔的一把手叫戈登·摩尔（Gordon Moore），就是提出了在IT行业非常著名的摩尔定律的那个摩尔。摩尔当时的职位是董事长兼CEO，二把手叫安迪·格鲁夫（Andy Grove），职位是总裁。格鲁夫和摩尔两个人天天想，怎么才能把内存生产得更好，打败日本人？两个人想了整整一年，没有想出来对策。

有一天，格鲁夫和摩尔两个人又在讨论：我们要改变什么？还是想不出来。格鲁夫突然问摩尔：**如果董事会把我们开除了，聘请了新的CEO，新的总裁，他们会怎么做？**摩尔说：他们会停止生产内存？摩尔使用的是疑问句，他不肯定，但是他觉得他们有可能会这样做。格鲁夫说：**那我们为什么不自己走出这个办公室，再自己走回来，然后停止生产内存呢？**

格鲁夫的一席话，一下子击中和惊醒了梦中人，他的意思是我们自己走出这个办公室，那就是被董事会开除了，然后再自己走回来，就是董事会新聘请的CEO和总裁。然后我们做新的CEO和总裁会做的事情，停止生产内存，真是"**身份变一变，心态大切换**"。

这个故事在英特尔的历史上很有名。因为，他们真的停止了生产内存，改变了英特尔的命运。

在这个过程中，领导者识别出自己的假设是最重要的，一旦假设被识别出来，往往就会松动，再找到干预的方法就容易多了。

那么，如何识别出自己的假设呢？

答案是提问，陈海贤老师提出一套用四组问题给内心假设拍片的方法，就像照 X 光片一样，可以把本来隐藏很深、不易觉察的内心假设给透视出来。

这个 X 光片透视假设的过程分为四个步骤：

1. 清晰描述你想要达成的目标，最好是行为层面的，例如想要更自信地表达自己，就比克服内心恐惧（情绪目标）或者赢得影响力（结果目标）更加合适。

在开篇 B 国案例中，华为 B 国管理层变革的目标之一就是充分调动本地员工的智慧和参与积极性，因为他们是最了解 B 国情况和如何在当地破局的。

2. 你正在做的跟目标相反的行为。

华为 B 国管理层的行为，把本地员工隔离在公司实际亏损信息之外。

3. 这些相反的行为背后的好处。

避免打击本地员工士气，以免员工对公司丧失信心，减少工作投入度和归属感。

4. 让这些好处成立的重大假设。

本地员工无法对扭亏的业务变革发挥有效的作用，让他们知晓亏损弊大于利。

可以看到，当识别出存在的假设后，往往会发现与自己期望改变的目标行为是背道而驰的。用这种方法，我还帮助一位资深业务管理者识别了他存在的倾听不足的问题，并且得到了他的认同。我的这位朋友非常专业和有洞见，但是他常常在没有听完时就打断别人说话，而且显得先入为主，老是试图兜售他的观点，这让跟他沟通变得比较困难。

我还记得，当自己提到他的第二条假设时，他两眼放光的情景，他望着我说"是的，就是这样的"，他太过于关注当下的是非对错，所以常常进入跟人争辩一时长短对错的状态。

识别出了内心假设，如何干预，打破固定脚本呢？

首先要保持警觉，在具体的情景下，提醒自己开启"雷达"，注意捕捉内心假设开始发挥作用的线索，通常觉察到就会让它的影响淡化很多。

表2-1 内心假设透视四栏表

希望达成的目标	与目标相反的行为	潜在好处	内心重大假设
● 耐心地聆听对方把话说完	● 总是试图纠正对方的观点 ● 总是提前预判对方的意图	● 避免让对方更加逾越界限 ● 避免让对方的错误观念产生更大的影响	● 如果放任对方表达自己的不同建议，方向就会失控 ● 正确和错误至关重要，而且当下就是评判正确和错误的最佳时机

其次可以通过自我断言进行改变，就是找一句自己信奉的短句抛给自己。例如上面这个朋友，当他察觉自己又陷入当下的对错评判时，可以告诉自己包括沟通对象："让子弹再飞一会儿"。这样一个断言，就会阻断之前的自动线路，否则就会被假设驱动进入"自动驾驶模式"。

所有深层的改变都是从撬动心智模式开始的，尤其对于资深职场人和领导者而言，心智模式十分坚固和僵硬，而心智模式当中最重要的一条就是关于假设的识别和转化，不触及假设和心智模式反思的复盘，就会停留在表面和形式上，徒具其表。

你自己也可以观察和留意一下身边的管理者，相信会发现很多行为模式背后都有心理假设的影子在起作用。就像荣格的名言所说，**如果潜意识的东西不能转化为意识，它就会变成我们的命运，指引我们的人生。**

都是亲历者，为何开发出来的大多是伪案例

不少企业跟华为和联想学习，都意识到组织经验是宝贵的知识资产，逐步建立了自己的复盘机制和文化，要求中大型项目和活动结束后一定要进行复盘。可是复盘完产出的案例成果却不尽如人意，往往比较像是流水账或者大事记，或者是一些平庸的业务回顾，我称之为伪复盘案例。为什么会出现这样的情况呢？基于我带各类企业开发案例的经验，我觉得主要有以下原因。

欠缺方法积累和总结。部分行业由于垄断或者经营粗放等因素，导致其实一直在低水平竞争，拓展业务主要靠关系和资源，而不是智力和精细化运作。譬如我带国内某消防器材企业开发案例，发现专家写出来的案例，拓展业务基本上是靠三板斧：吃饭、送礼、KTV。开始我们以为是请回来的专家不够过硬，后来仔细盘点后发现，专家没问题，是整个行业由于同质化强且往往金额不高，都是给别人做配套或者嵌入，业主方也不会特别关注和进行仔细的专业化审查，所以导致大家只能在低水平上竞争。到最后，我们只能接受这样的情况，所谓巧妇难为无米之炊，首先确实要看到这一层客观限制。

如果自己的行业存在这样的现状，那么，除了精心挑选专家和主题之外，我通常会建议"向外看"，即适当引入外部甚至跨行业方法论进行启发和补足，不然很难克服"自产自销"的先天不足。

再来看主观原因，我觉得主要有三个方面。

1. 没有搞清楚案例跟近似文稿的区别

我在《华为训战》中曾提到，案例由于取材一线，其第一道加工往往由来自一线的亲历者完成，而他们多半没有经过专业案例开发的培养和训练，所以经常会产出很多披着案例外衣的"伪案例"。表2-2为四种常见的伪案例形式。

表2-2 四种伪案例解析一览表

伪案例	点评
经验总结	案例不能仅总结经验，还要把故事过程讲清楚，丧失情节和细节的理性反思无法打动受众，也会丢失事件的整体性
成功故事	面向客户的成功故事是营销材料的一种，目的是向客户证明某解决方案多有竞争力，公司在某方面多么不错，但包装成分远大于教育学习意义
报告文学	报告文学有浓重的艺术加工痕迹，往往形式大于内容
汇报材料	汇报材料往往关注事情的结果，虽然描写了事情的过程，但场景的描述缺少规划，解决方案描写往往语焉不详，也没有规划清晰的学习点

案例的理解如果出现偏差，必然导致产出的成果偏离案例的初衷。现实中每一个企业都有自己的案例，但引人入胜、发人深省的精品案例却寥寥无几，很大一部分原因在于对案例的认识已经偏离

了正道。无论是撰写者还是评审人，一旦没有把握住案例的本质，把表2-2中的伪案例作为案例提交上去，或者吸纳进来，必然导致鱼目混珠，积累到一定程度就会积重难返。

2. 业务专家敷衍了事，以次充好

对案例的概念理解了，组织提供的模板也清晰了，但是要基于自己或团队的实践经历整理复盘案例，确实是一件费心的事情，要投入相当的精力和脑力。这时如果专家时间不够或者动力不足，就很容易出现敷衍了事、尽快交差的情况。这样出来的复盘案例质量可想而知。要规避这一情况，一方面是要给予充分的时间，更重要的一方面是调动业务专家和团队的动力。抓壮丁、搞摊派的做法很容易招致阳奉阴违或牢骚满腹。相反，良好地包装和运营则会充分激发专家内在动力，让他们心甘情愿地完成工作。

我合作的一家企业搞过两轮复盘案例撰写，第一次就是按组织惯性硬性派活，结果怨声载道。第二次他们吸取经验，将其包装成高潜人才的发展配套活动，且最终结果关联晋升积分，这一次大家的积极性明显提升，案例质量也上去了。

3. 缺乏专业指导，内容难以提炼总结

复盘虽然谈的是亲身经历，但实际上对业务专家的要求是比较高的。我常对辅导的企业说"**复盘有两难，前期难在心态与假设，后期难在逻辑与提炼**"。前期的心态与假设也就是上面所说的双环学习。后期进入案例开发和撰写后，对专家的结构化逻辑思维和总结提炼是一个考验，尤其是挖掘自己的经验，相当于跟自己深度对

话，这种状态和挑战是很多人不适应的。这时，如果有外部专家的介入，有专业方法论和工具表单的支持，将会对这项工作有一个很好的助推，尤其是刚刚开启复盘或者在重大项目上，这种支持尤为必要。

我曾经辅导过一家新能源企业的项目开发训战，调研期间，HR专门提到："庞老师，我们公司做项目复盘已经两年了，但总感觉大家复盘的成果对比您分享展示的案例和要求还有不小的差距。"为了搞清楚差距在哪，我特地调阅了他们之前的项目复盘案例。说来凑巧，调研快结束时，我了解到他们一个项目复盘案例正好要做线上的全国分享，于是我专门抽空全程旁听。不听不要紧，一听我才发现他们的项目复盘案例模板和分享思路都存在明显问题。

表2-3 某新能源公司项目开发案例复盘模板

某新能源股份有限公司开发案例模板	
一、项目基础信息	
项目名称：	客户名称：
项目负责人：	项目督办领导：
编制人：	审核人：
日期：	
二、项目背景	
三、项目市场情况	
四、项目基本情况及经评分析	

（续表）

项目坐落地 土地情况 增值税 所得税 上网电价 项目预算及投资回报分析（根据预算部提供发电成本，技术部提供发电量测算）
五、合作模式
合作方职责
六、政府针对本年度指标下放的方式
七、时任项目开发成员及分工
八、项目指标获取的转折
九、结果
十、其他需要说明的内容、项目附件等

从上面不难看出，他们的复盘案例模板比较像是项目事项和要点的罗列，并没有引导业务专家认真思考和还原项目要点。更要命的是，专家的分享也是大体沿袭模板的思路，一个小时的分享听起来十分平淡，大部分都是其他区域同事都知道的浮于表面的信息。过程中，可以感觉出分享专家的领导急得团团转，不时打断和介入："老李，咱不要拘泥于一些细节和模板里的信息，关键是把背后的思考和我们的一些切身经验谈出来。"专家听到领导疯狂提示也很着急，可惜他短期内没法迅速做出调整。最后分享还是在一片寂静中结束了，主持人想引导在线的听众提问，奈何应者寥寥。

后来，我告诉他们这类复盘案例开发和分享难点在于换位到听众视角，讲他们能感兴趣、有收获、能借鉴的关键要点，而不是平铺直叙或者讲项目过程。对业务专家而言重点是把一些疑难点、纠结点以及围绕这些纠结点的做法谈清楚。他们告诉我说复盘的模板推了一段时间了，大家刚刚熟悉，最好不做大幅调整。为此，我协助他们设计了一张表单用来帮助梳理分享思路和要点。这张表单的目标是给分享人建立分享的纲要，不需要太细，部分涉及的重点内容可以借助现有材料在分享中打开展示。

表 2-4 项目复盘分享纲要

项目背景	简略介绍项目的基本信息：选址、规模、项目类型、时间等
过程概述	简要概述项目案例的大致过程，挑关键节点说，不需要太细，一些不同于常规项目的部分不要忽略，可适度展开

（续表）

核心挑战点及纠结点	具体做法、策略思考、工具指引
围绕整个项目时间线，回忆那些让自己特别劳神费心、很纠结的节点和经历	
1.	
2.	
3.	
4.	
5.	
经验教训	核心亮点
哪些经验做法可复制	哪些经验做法难以复制

按照这个模板，我又对他们的业务专家进行了一些指导，之后的项目复盘案例全国在线分享会深度和现场的热烈度明显都提升了。

所以，不能忽略专业指导的问题，更不能指望给一张复盘模板和一封要求复盘的邮件，业务团队和专家就能把复盘一次做到位，这事没那么简单。

最适合中国企业的复盘研讨会

前面说了,复盘的挑战在于反思心智模式,挑战固有假设,因此营造必要的场域让大家进入深度反思和对话的气氛非常重要。虽然市面上已经有不少科学严谨的复盘研讨会框架,但有时总感觉这种正经八百的复盘略显刻板,不太匹配中国人这种内敛、谨慎的性格,不容易激发大家的发言和学习状态。在这方面,我觉得华为的民主生活会是一种行之有效、值得尝试的复盘变体。以下介绍华为民主生活会的做法,重点集中在复盘领域的实践和注意事项。

1997年,华为公司首次布置各级部门开展"民主生活会"活动时,很多干部是不太理解的,也不知道怎么开。但是办法总比困难多,随着华为内部不断实践和创新,民主生活会已经是华为内部非常重要的例行化的组织管理机制,也是华为自我批判的价值观的重要实现载体。

华为的民主生活会是公司内一个活力十足的沟通平台,旨在促进员工和管理层的互动和反馈。这个会议通常由各级领导组织,鼓励员工坦诚交流,对公司的经营策略、管理方式和个人绩效进行公开讨论和批评。在这个会议上,大家可以畅所欲言,对公司的战略、管理方式和个人表现都可以进行开放的讨论和批评。通过这种坦诚的交流,华为不仅能快速发现和解决问题,还能增强团队的凝聚力和信任感。这种民主生活会让公司文化更加开放和透明,帮助华为在竞争激烈的市场中保持活力和创新。

说起民主生活会，很多朋友会不以为然："那不就是茶话会吗？嗑嗑瓜子聊聊天就过去了，形式大于内容。"真的是这样吗？如果没有实际内容，那就真的是这样，但是如果组织有力，就会取得不一样的成效。

华为的民主生活会具体怎么开？

第一，立意要明确，要有周密的会前准备和策划。

民主生活会开得好与坏，非常重要的标志就是与会人员是否可以畅所欲言，而且是毫无顾忌地畅所欲言。民主生活会就怕开得沉闷，然而，与会人可能担心会被"贴标签"，往往保持沉默。尤其让人头疼的问题还是"会而不议，议而不决"，往往是开了半天会，什么措施结果都没有，不了了之。

因此每次民主生活会会议的目的要想清楚，议题要集中，会议前要做好充足的调研和准备，这样才能保证会议的顺利进行，以避免每次会议关注的总是如下一些鸡毛蒜皮的问题。

活动偏少："部门多组织团队活动，提升凝聚力和团队热情""目前疫情期间团建活动较少，希望疫情后能够组织起来"。

辅导不够："可以带头给大家讲讲课""某总转身很快，但对周边部门赋能不多""与下属工作以外的沟通较少，缺少亲和力和朋友感"。

工作无关："建议某某控制好饮食，少吃夜宵，防止'三高'问题""提高衬衫西裤的档次，向售前客户经理看齐"。

案　例
某新任领导对于某技术部门民主生活会的策划和实施

目的：通过民主生活会让部门成员了解部门面临的新业务目标挑战、新组织结构及职责，同时跟踪解决团队过去的问题。

会前准备：提前一周召集部门标杆人物进行动员会。几位标杆人物针对HR事先准备好的12个问题，反馈了近20条具体建议。HR配合新任领导一起把发现的问题，结合组织氛围调查的短板项进行了综合分析，梳理出Top4问题，计划在民主生活会上充分研讨。

会议实施要点：

1.体系领导致辞，介绍了部门良好的发展形势和未来业务方向，认可这个团队的独特业务价值和过去的贡献，为团队鼓劲加油；

2.新任领导随后做了一个详细的自我介绍，一起明确了新的组织结构和各个组织的职责；

3.全员一起观赏《千手观音》视频，做好氛围引导；

4.民主生活会核心研讨环节，针对前期梳理的Top4问题，每个组围绕1~2个问题集中复盘讨论，针对每个问题指出个人应该做哪些努力，同时期望团队提供什么样的支持，并现场承诺，所有有价值的问题和建议都会被跟踪闭环；

5.研讨结束后一周内,新任领导召集例会,就这些问题进行充分讨论,并明确了责任人和完成时间,向团队成员公布。

会议反馈:这是最特别最务实的民主生活会,针对Top问题制定了具体落地措施,看得出来是实实在在做事。

第二,领导要有格局,积极开展自我批评。

民主生活会的一个重要目的就是强化干部与员工的沟通,所以,干部的开场至关重要。准备好气氛较好的场所(华为内部一般不建议在公司的会议室),领导干部要以轻松幽默的方式进行自我批判的开场,唯一的目的是引导员工开口发言。从这些层面逐渐引导到部门存在的问题上去,让大家对于部门存在的问题畅所欲言。问题的暴露不再是只依靠冰冷的数据和考核的结果了。

这个过程中,领导要避免以下四种误区。

太追求完美:"性格要强,完美主义,有些时候比较主观,追求完美""潜意识里总以自己的或更高的标准要求他人,忽略了个体之间因背景、经历、性格等带来的差异性"。

太聚焦工作:"日常工作中,习惯聚焦主要矛盾,在次要矛盾上花费时间和精力较少""聚焦工作比较多,对个别下属的关怀相对不足"。

太注重学习:以往是自己在W3上看老板的发文,自己去学习和领悟,所以对大家的宣导确实比较少。

太过于温和:没有简单直接地对团队或组织成员的问题提出批

评和建议，以帮助其快速改进。

第三，核心价值观牵引为主，减少预期可能存在的组织氛围风险。

民主生活会可以虚实结合，并不是每次都一定要集中处理某些问题，可以用轻松的方式引导与会人对于公司的一些要求和标准进行开放式的讨论，有问题则改之，没有问题那就预防为主。因此结合部门的情况，民主生活会不一定非要"坐"着开。

案 例
解决办公场所更换可能带来的组织风险

某部门根据公司要求要更换办公场所，不少员工凭印象和传闻，认为地点偏远，会对生活带来很大影响，甚至有些员工产生了搬家前离职的想法。

"大家都没去过某地，有很多顾虑，"部门负责人和HRBP商量，"那咱们就把民主生活会移到户外，组织一次畅游某地的自驾游活动吧。"部门负责人带头开路，大家自驾车，沿着班车路线向新的办公场所进发。部门负责人用对讲机给大家介绍沿途周边环境、交通、餐饮、房价等情况。到达新办公区后，又参观了正在修建的研发基地和园内各个景点，最后在新办公区会议室召开了座谈会。

经过一番亲身体验，心头的疑惑一一解开了，员工兴奋地畅谈着一路上的见闻。美丽的园区、清新的空气、周边的环境，都给大家留下了深刻印象。HR还事先跟行政部门进行了沟通，向大家展示了新基地的规划PPT，就员工关心的班车、餐饮、室内装修、空气质量等问题一一进行了解答。搬迁之前，部门又组织了一次民主生活会，向大家展示了新基地的最新进展，进一步解决了上次会议的遗留问题。搬入新办公区后，员工很快适应了新的办公环境，认识也普遍比较理性和客观，减少了后期矛盾的发生。

第四，切忌花式自我批判，把民主生活会形式化。

民主生活会不是为了自我批评而批评的形式会，而是以自我批评为基础的改进会。2000年，任总在中研部将研发浪费的呆死料作为奖金、奖品发给研发骨干大会上的讲话中就指出，我们不是为批判而批判，不是为全面否定而批判，而是为优化和建设而批判，总的目标是要导向公司整体核心竞争力的提升。对我们的干部而言，在当前恶劣的外部环境下开展自我批判，各级干部更要敢于自我审视是否能践行和传承核心价值观、能否带领团队"向上捅破天、向下扎到根"。

话虽这样讲，但是报喜不报忧是人的天性，即便在华为，自我批判也不时成为自我表扬，譬如你可以从以下员工提的意见当中体会一下：

大家感觉领导性子比较急，要求比较高，是因为领导恨铁不成钢。领导有某部长经验，思考问题高度比较高，大家达不到那个高度，容易说不到点子上，所以一方面个人要快速成长，另一方面也要给兄弟们一些时间去成长，让他们快速成长到一定的高度。

领导个人能力很强，建议把个人能力转化为团队能力，激活战斗力。

某总在很多具体问题上给予很多指导，帮助我们看到以前很多容易忽视的地方。希望以后在方法论方面能得到更多指导。

无论在哪里都一样，经好，还要和尚把经念好，这个方面确实需要各级管理者长期身体力行并不断总结纠偏。

除了复盘和激活组织外，华为认为，民主生活会对于干部的价值尤其重大。

1. 开展批评与自我批评的民主生活会，是了解干部自己的问题和缺点，促使干部改进的一种有效途径。通过民主生活会，干部与员工及时、有效的沟通能营造一种积极的组织氛围，促进组织绩效的提高。

2. 单独或个别的沟通固然重要，而民主生活会这种"群英会"式的畅所欲言，集体交流，脑力激荡，更容易寻找和分析出部门主要问题及根本原因，并得出合适的问题解决方案，实现部门的大进步和大改善。

3. 民主生活会可以不拘形式、不拘地点地开，关键在于方法和精神。平时开会时，提倡畅所欲言，脑力激荡，讨论起问题和措施来会有效得多。

我从外企来，在华为内部多次作为大学代表，参加、列席一些对口支持业务部门的民主生活会，发现员工参加这种民主生活会一般都是抱着一种相对轻松、休闲的心态，不会特别紧张，但就在大家嬉笑调侃、插科打诨之间，就把一些重要的问题议了，决策也出了。在这种会上针对一些核心问题进行集中的复盘研讨和反思，大家也往往更加开放和洒脱，让我不由赞叹领导和 HR 的管理艺术。

正是因为这些优势，华为不少重要业务复盘和决策都是在民主生活会上做出的。譬如 2004 年华为向摩托罗拉出售终端受阻，再到 2008 年试图向黑石等私募基金出售，又因为金融危机遇挫，高层对终端业务展开复盘和研讨，到底是继续变卖还是自己经营的决策，就是在三亚海滩的民主生活会上做出的。

另外，华为的民主生活会，也不止反思失败教训，同样很关注通过复盘总结成功经验，例如第一章中提及过的荣耀的例子。这给管理团队很大的启发，也是在民主生活会的激烈讨论碰撞上，华为确定了三个方向是可以做成优势的，也是有华为特色的：

第一个是通信信号，这是看家本领，毫无疑问必须要做到最好；

第二个是手机续航能力，继承荣耀一代的优秀基因到所有产品上去；

第三个是图片处理及拍照相关功能，力争做到业界最优。

事实证明华为手机在这几个方向的发力，确实起到了很好的效果，也获得了消费者的认可。

所以我们看到，民主生活会这个平台用得好，可以一举多得，借助这个平台来开展复盘研讨，往往会游刃有余，可以跟市面上标准程序的复盘研讨会混搭应用，使得企业复盘更加的灵活自如。

第三章

业务解难：案例萃取一线智慧

解决难题的方法往往来自一线

20世纪初，汽车行业刚刚起步，市场需求尚未达到大规模生产的程度。与此同时，生产工艺仍然高度依赖人工，制造过程漫长且成本高昂，导致汽车价格居高不下，只有富人能够负担得起一辆车。福特汽车公司面临着这一发展瓶颈，虽在一些领域取得了一定的成绩，但仍难以突破市场的局限，且竞争对手，如通用汽车和克莱斯勒等在生产方式上已逐步走在前面。

1908年，福特公司发布了后世闻名的T型车，但在早期阶段，福特的生产工艺仍然依赖传统的手工组装方法，生产速度慢，每辆车的生产周期往往需要数天，且成本高。随着市场对汽车需求的日益增长，福特意识到，只有通过更高效的生产方式，才能实现大规模生产并降低成本，使汽车能够更普及。

恰好在这个时期，福特生产工程师威廉·克莱恩在一个偶然的机会下参观了芝加哥的一家屠宰厂，他发现屠宰厂将整个屠宰流程分解成一系列专门的步骤，屠宰厂每个工人只负责肢解其中一个部位，重复切片，使用传送带运输，这种高效率立刻引起了克莱恩的注意。后来他将流水装配线的概念报告给了工厂生产主管彼得·马丁，虽然马丁最初对此抱着怀疑的态度，但仍然鼓励他继续研究。亨利·福特博物馆的档案室中很好地保存了威廉·克莱恩的关于参观屠宰厂后受启发的文件，他由此成为了现代流水装配线之父。之后由工厂主管彼得·马丁领衔，他和威廉·克莱恩及一群工程师继续进行尝试与探索。

图 3-1　威廉·克莱恩在参观屠宰场时获得启发

很快，这一努力引起了福特高层乃至亨利·福特的注意，这与老福特"让每个人都能买得起一辆福特汽车"的梦想非常契合，1913 年，福特在高地公园工厂开始了流水线的实验，并于 1914 年正式投入使用。因此，当第一台采用流水线生产的 T 型车装配完成后，亨利·福特、福特的管理层和媒体记者们在现场见证了这一伟大时刻，威廉·克莱恩亲自驾驶这台车充满骄傲的 T 型车驶下了生产线。

流水线装配极大的提高了工厂的产能和效率，按新的作业方式生产一台T型车仅需93分钟，之前需要12.5小时，速度提高了8倍，这使每隔3分钟就有一台福特车下线。这一革命性的改变也降低了制造成本。T型车的售价由1909年的850美元/台降低至1913年的550美元/台，1915年跌至440美元/台。此外亨利·福特大幅的提高了工人的工资，使他们的日薪达到了5美元/天，工作4个月，福特的工人们就拥有了一台T型车。

1914年，T型车的装配流程进一步简化。那一年，福特生产的汽车比其它所有汽车制造商的总和还要多，T型车取得了巨大的成功，1918年，美国大街上行驶的汽车有一半是福特汽车，在不需要为其做广告的情况下，1917—1923年，福特的全球累计销量突破了1500万辆。这一纪录保持了半个世纪，直到1972年被大众的甲壳虫所打破。

福特将这一创新的生产模式在整个行业进行推广，成为全球制造业的标杆，特别是催生了后来的"精益生产"模式，并最终影响到各行各业的生产方式。[1]

在企业中，当组织碰到疑难杂症，甚至面临生死存亡的严峻考验时，很多时候，解决难题的智慧往往不来自于抄外部作业，甚至不来自于高层的指挥若定、料事如神，而是来自于一线的最佳实践，这些最佳实践最初的样貌甚至非常粗犷和零散。

---

[1] 汽车之家-车家号，Ford Model T——20世纪最具影响力的车型：美国篇（一），https://zhuanlan.zhihu.com/p/341120486.

成熟业务案例萃取的侧重点

企业的业务发展有不同阶段，大体可以分为最初起步阶段和成熟运作阶段。成熟的业务在一个产业或赛道上生命周期走到末端或者面临激烈的竞争，又需要创新或进入新的业务，这时业务发展阶段就又来到了起步阶段。这是一个常态化不断发展演进的过程，而解决不同阶段的业务难题，案例萃取所能起到的作用也是不一样的。

成熟业务，它的特点是业务模式、组织阵型等都已经相对成型。所以在这个过程当中，案例萃取主要是提炼出一些可以推广复用的流程、方法、工具，去帮助组织提升效率，减少不必要的浪费。

比方说我在宝洁作为全国大客户销售经理期间，公司每年都提炼总结大客户销售联合生意计划（JBP，Joint Business Plan）工具包，里面包括了联合生意计划的模板、开发联合生意计划的指南、标杆联合生意计划的范例、标杆客户洽谈联合生意计划的案例分享，而且每年还都进行更新。其实宝洁做大客户销售已经很多年了，很多资深的大客户销售经理也不是不会干这事，公司之所以还要每年总结提炼并进行更新，主要是两方面的考虑：第一是大客户年度合作计划谈判，是每年年底固定要务之一，总有一些从经销商、化妆品渠道转过来的新人，有些工作他们不一定会干，有这样的沉淀之后新人们更容易照葫芦画瓢；第二是公司希望根据业务的特点不断进行升级迭代，把一线的最佳实践及时整合进来，分享给全国的同事，供大家参考借鉴。

再比如我在嘉士伯啤酒负责全国营销培训的时候，我们也总结了餐饮客户开发管理的案例，并整理成作战手册。嘉士伯做餐饮渠道也十几年了，它进行这样的系统化总结，目的和出发点又不一样。对国际品牌部而言，餐饮渠道是一个比较新的渠道。业务负责人总担心有一些资深老业务员流失、离职之后会导致经验断档，为了把他们的经验保存传承下去，开发了一套餐饮渠道拓展精品课，做了这么一本手册。

业务进入成熟阶段后，大家都能干活，而且通常干得还比较平顺。这时，很多企业可能不是特别重视案例经验萃取和整理，其实这方面的作用还是很大的。华为有一个观念，我提炼叫作**"流程保基效，超越靠独到"**，意思是非常强调靠流程工具保证大家都能够普遍做到 70 分，要达到 70 分以上才需要依靠个人主观能动性、责任心、创造力等。正是由于这样的一个指导思想，即便是平稳的、成熟的业务，华为也一直非常重视不断进行案例萃取总结，形成知识成果来提升效率，也就是内部经常讲的"隐性经验显性化，显性经验流程化，流程规范 IT 化"。

疫情期间，华为受到制裁，面临很大的经营压力，华为内部通过专委会和华为大学非常精细地开发制作了好几本作战手册，其中让我非常惊讶的一点是手册指导动作的精细程度。譬如，运营商和企业业务公司已经做很久了，解决方案销售也推了很长时间了，然而我在华为某销售工作手册的分手册当中发现，"与客户第一次见面名片怎么递""如何介绍自己"居然都有详细的指引，并配了具体的指导话术，以下内容节选自该销售工作手册：

当你和某个潜在客户第一次碰面，你觉得哪个话题是必然会聊的？

有一个话题很普通，普通到甚至会被人忽略，但是你和潜在客户初次见面的时候一定会聊，那就是：你是谁？你是做什么的？

如果此时，你仅仅说：我是华为的销售／售前，我负责……那么这一轮会话基本上就到此为止，不会再有更深入的交流了。你们接下来的对话，会转移到别的话题上。

其实，你可以针对这个必然会发生的话题，提前设计一个更好的陈述：

·与你的潜在客户有关（不一定与你或你的方案直接相关）。

·包含至少 1 条可被验证的客观事实，让你的话显得更真实。

·能够引起对方的好奇心，足以激发下一轮更深入的对话。

·必须简短且亲切，能够用两三句话就说清楚。

举个例子，我们主要帮港口客户推进数字化建设，比如最近我们给××港做了"无人集卡"项目，完成改造后，每年能为客户节约接近三千万元的人力成本。

需要注意的是，你一定要提前了解潜在客户的信息，这样你才能从公司海量的方案和服务中挑选出潜在客户可能感兴趣的 1~2 点，从而设计出一个看似自然随意的回复。

华为就是瞄准这么小的一件事。很多公司根本不在意这样一个微小的动作。华为的经验表明，这个动作其实对客户兴趣和后续深入交流转化率影响很大，所以有必要对这样一个细微动作点进行规范化和标准化。你可能认为华为运作了很多年，按理说早已经建立了一套完整的解决方案、销售运作的流程，但是它还是像理工男不断修补和完善自己程序一样，仍然在不断夯实和固化它认为比较重要的一些节点。

总结起来，成熟业务萃取出来的这些方法，除了面向新员工，让他们少犯错误、少交学费，一般多围绕"变"和"痛"展开，也就是说即便一个业务再稳定，也有发生变化的时候，或者还有一些环节可以升级更新，这些地方是需要去多挖掘、多总结的，包括一些持续的痛点，这些都是开展案例萃取的重点环节。

新业务案例萃取要关注特例和正向偏差

新业务的案例萃取思路和出发点就跟老业务不一样了，斯坦福大学著名行为心理学家丹·希思（Dan Heath）在他的《瞬变》（*Switch: How to Change Things When Change Is Hard*）中分享了一个案例，对我们理解这一点很有帮助。

案 例
虾蟹和甘薯叶：改善营养不良的秘方

1990年，杰里·斯特宁（Jerry Sternin）为国际慈善组织"救助儿童会"工作时，受越南政府邀请，帮助改善当地儿童营养不良的问题。然而，他到达越南后，却发现当地政府并不热情，甚至有些官员对他的到来态度冷淡。外交部部长甚至对他说："你必须在6个月内做出成绩。"

斯特宁及其家人不懂越南语，资源也非常有限。他意识到，要在短时间内解决问题，传统的大规模援助方法并不可行。于是，他转而调查当地社区，寻找能够解决问题的"亮点"。

斯特宁和妈妈们便开始走访亮点妈妈的家，观察她们异于一般家庭的做法，结果有了出乎意料的发现。首先，亮点妈妈一天给孩子喂4次饭（每日进食总量和其他孩子一样，只不过分4次吃）。可见，一般家庭一日两餐的做法并不适合这些儿童，因为他们营养不良的胃无法一次消化那么多食物。

其次，亮点妈妈的喂养方式也不同。大多数父母认为，孩子知道自己该吃多少，会自行从餐桌上取用适量的饭。相比之下，亮点家庭喂养孩子的方式要积极得多，必要时父母还亲自喂孩子吃饭。亮点父母还会鼓励生病的孩子多吃点儿东西，这跟当地的习惯做法不太一样。

最后，这些家庭的母亲们会在日常饮食中加入稻田里抓的小

> 虾、小蟹等富含蛋白质的食材，以及甘薯叶等绿叶蔬菜，而这些食物通常被当地人认为不适合儿童食用。
>
> 斯特宁将这些做法称为"正向偏差"，并在社区中推广。他组织母亲们每天一起做饭，学习如何利用虾蟹和甘薯叶改善孩子的营养状况。通过这种方式，不仅孩子的健康得到改善，社区的文化也逐渐改变。
>
> 最终，6个月后，该地区65%的儿童营养状况得到了改善。斯特宁的成功经验在越南广泛传播，影响了265个村庄的220万民众，成为改善营养不良问题的典范。

这里我们需要留心一个非常重要的概念，叫作正向偏差（Positive Deviance）。大家面临的挑战都是类似的，但同样的环境、同样的挑战下总会出现一些特例，这些特例跟正常情况下的做法不一样，却带来了更好的效果。这种偏离常规做法却带来更好效果的特例，就被称为"正向偏差"，类似于我们通常所理解的"标兵"或者"先锋"。

就像这个案例中的一些妈妈，她们可能没有非常科学的营养知识来武装自己，但是她们凭借自己的经验，只是做了一些小小的创新和改良，就使得孩子的成长情况有了非常明显的改善。所以组织要非常重视正向偏差，找到背后的成功要素，这被丹·希斯称为"找亮点"，这与我们常规的批判思路下的"找问题""找机会"完全不同。所以新业务需要特别关注成功特例。特例背后往往蕴含着智慧。

也正是因为新业务没有统一的打法，大家都在黑暗中摸索，有的时候甚至完全不得究竟，最开始的尝试实践有不少都是客户给逼出来的。往往在离客户比较近的部门，我们更容易找到或催化这样一些亮点。

比如我读大学时，著名的校园 201 电话卡就是一个这方面的典型案例。

20 世纪 90 年代，天津通信运营商购买了华为的一批交换机设备，但放号量的增长速度一直很缓慢。客户为了早日收回投资成本，给华为的一线代表处支了一招——把电话装进高校宿舍。因为高校宿舍多，每个宿舍安装一部电话，放号量的难题不就迎刃而解了吗？华为人一听，也很兴奋，但转念一想，宿舍场景和家庭场景差别很大，一个宿舍一般住 4～8 人，如何区别是谁打的电话？遇到"煲电话粥"的情况岂不让其他人叫苦不迭？怎么解决付费问题？

华为一线代表处秉承"以客户为中心"的理念，立刻将这个点子和难题一并传给后端负责交换机产品的研发部门。华为研发部门马上派人到天津与客户深入沟通可能的解决方案，而且为了搞清楚真实场景，他们还专门到高校做现场调研，最后尝试实践并设计出了一个全新的方案——后来火遍全国各大高校的"201 校园卡"。以往的付费模式是打完电话再按月度扣费，而 201 校园卡是预付费卡，学生在学校小卖部购买，50 元一张；学生自行购买，每拨打一分钟电话就从卡中扣除几毛钱，学生之间各扣各费，完美地解决了计费问题，放号量也立即大幅提升。

因为高校群主要集中在大城市，华为凭借此举，从过去只能把交换机部署在县级城市，走向将交换机部署在全国大城市。这就是华为向客户学习的典型案例。之后，固定电话慢慢被淘汰，移动电话成为主流，华为采用同样的思路解决了新场景的难题。

移动电话在早期属于高消费产品，用户经常出现高欠费情况，催款成为通信运营商头疼的事。为了避免事后的补救，通信运营商采用"开户制"，即用户先到电信营业厅缴纳入网费并预存话费，才能享受相关服务。这确实解决了高欠费的问题，但同时带来了新的挑战：新开户的用户数增长很缓慢；流动人口比例越来越大，用户经常在全国各地走动，属地缴费的机制太麻烦。这时，中国移动公司找到华为，咨询能否参照201校园卡的逻辑进行商业模式创新。华为积极响应，经过对场景的仔细分析，帮助中国移动重新设计商业模式，开放自动漫游预付费业务。用户无须缴纳月租费，只需购买类似201校园卡的充值卡就能便利地用手机打电话，而且该业务支持异地空中充值。之后，中国联通也跟随采用了这一创新模式。这就是后来火遍中国大江南北的中国移动"神州行"和中国联通"如意通"。

这几款产品推出之后，中国移动和中国联通的用户量以每年新增几千万的速度爆发式增长，这也让中国通信运营商和华为都获得了丰厚的回报。

从这个案例可以看出，201校园卡和神州行等最初的创新和实践完全是客户和市场驱动的。在华为，这个案例不光作为内部最佳实践总结非常有名，同时也坚定了公司以市场和客户为中心的一系列改革。

小结一下，成熟业务的案例萃取主要是提炼出一些方法来提升效率；新业务的萃取要特别关注特例和业务亮点背后的一些创新，从中挖掘出一些根本的规律和智慧，必要时再加以试点、扩大、总结，最终形成一套匹配自己使用的方法，这往往比从外部找专家寻求外部标杆的方法更加适用、更加有效。

提炼出背后的方法工具才能真正解决问题

不管是老业务，还是新业务，案例萃取一定要提炼出背后的方法论才能推广，并在更大范围发挥作用。

接下来展示一个案例，这个案例是华为终端在 2018 年刚刚开始做全场景业务，也就是平板、电脑、智能音箱、耳机、智慧屏等非手机类业务，我们协助中国区零售部提炼萃取一线成功经验时，在一家门店终端里面采编的一个案例。

案　例
一次三件——向进店闲逛型顾客推荐全场景产品的正确姿势

一个星期天的下午，一位60岁左右的大爷进店，四处闲逛，看起来不像要买东西，而且一边逛一边留意着身边的顾问，有些防范和警惕的样子。

亲切接待，打消顾客防范

FM（体验店店长助理）迎宾后问：大爷，您想看看什么手机？

大爷：没事，我就是来逛逛。

FM：那需要我给您针对性地介绍一些热销的产品吗？

大爷：没事，没事，你忙你的，我就随便看看（一副警觉的样子）。

FM：没事的，我们这边有个能打电话的智能音箱，很神奇，您来看看。

说着FM动作娴熟地打开了智能音箱。走近智能音箱时，FM主动问起"小艺小艺，今天天气怎么样？"小艺回答"今天天气不错，气温××。"

大爷就好奇地跟着FM来到体验台，FM把唤醒小艺拨打电话演示了一遍，大爷啧啧称奇。然后FM又演示了小艺关灯，大爷更觉奇特，觉得很好玩，还问有什么神奇的功能。

深挖痛点，找突破口

FM：大爷，难得您这么大年纪了，还对这种电子产品这么感兴趣，您真是紧跟时代啊，您是做啥的啊？（提示：开放式问题打开话题。）

大爷：小伙子，你觉得我老啊？虽然我退休了，但我觉得我还年轻着哩，不光我喜欢这种电子产品，我80岁的老娘也喜欢呢，经常让孙子教微信怎么玩。

FM：是嘛，您的心态真年轻啊！您刚才说家里还有个奶奶，这个音箱其实对老人家最实用了。像奶奶要给您打电话，直接用音箱就行，不知她身子骨怎么样？

大爷：她身体还算硬朗，有这样的东西就不用再戴老花镜找电话了。

FM：她晚上睡得踏实吗？有时需要起夜开灯吗？（提示：这里不要直接推荐产品，先听顾客说，找适当时机在顾客做好接收准备时推介产品。譬如"我们这个音箱啊，还能用声音控制台灯，像奶奶起夜的时候，直接叫小艺开灯就行了。否则，这样推销意图太明显了，顾客会抵触或被吓跑。"）

大爷：有啊，老人家年纪大了，经常要起夜的。

FM：奶奶起夜都是怎么开灯的啊？

大爷：怕起夜开灯不方便，在床头有个台灯。

FM：那奶奶怎么使用台灯呢？

大爷：在夜里摸，因为时间久了，也比较有经验了，基本都能摸到。

FM：半夜里摸开关还是挺不方便的，万一有个紧急情况那就麻烦了。

大爷：是啊，你们的台灯怎么声音控制呢？（提示：一步步引导，终于让客户自己说了出来，如果客户不说，也可以引导提问，"想不想了解一下智能台灯可以怎么帮到奶奶呢？"）

FM这才顺水推舟地演示和推荐了智选台灯（也就是刚才演示的关联台灯），大爷问了价格，表示不算贵，FM连忙补充说我们的台灯跟飞利浦合作的，不带智能功能的飞利浦台灯也得这个价。大爷点头称是。

FM：那给您先订一个，您回去试试？

大爷接受了，确定了购买台灯产品，FM继续和顾客闲聊。

扩大战线，乘势而为

FM：看您的精气神真好，红光满面的。

大爷：那当然了，我们这个年纪辛苦一辈子了，现在就是要让自己开心、健康，以前血压高、血糖高，现在控制得很好。

FM：我妈妈也血糖高，您都是怎么控制的啊？

大爷分享了自己饮食、锻炼的经验。

FM：大爷，您真是一个很有毅力的人，就像您刚才说的，控制血压、血糖，关键是控制体重，我也是这么跟我妈说的。上个月，我给我妈买了这个体脂秤，让她每天称一下，不光是看体重，还要看体脂。而且这个是智能的，可以和手机相连，在手机上都有记录，您看这是我妈妈的记录和趋势图（提示：乘势给大爷演示，让他自己体验感受），可以看到一个月来的变化和波动，随时提醒自己数值和异常情况，这个体脂秤放在家里，奶奶和您都能用。

功夫不负有心人，三件产品全搞定

大爷看起来挺有兴趣，问了下怎么测量体脂，然后询问怎么操作连接手机，FM带着他自己做了一遍尝试。大爷对着屏幕看了半天体脂秤上的数据，FM在旁耐心地跟他解释每一个数据的含义，图表怎么读，并且帮他建立起一副每天称体重，身体越来越硬朗的成功图像。"您看，这样，您辛辛苦苦半辈子，就可以游遍祖国大好河山，看着儿孙们一个个出人头地……"最后大爷很认可这个产品和FM的介绍，终于顺利下单买了AI音箱+台灯+体脂秤三件套。

看完之后你觉得这个案例怎么样？结果是好的，过程也非常清楚，它虽然篇幅短小，但是生动地再现了店内的业务专家，如何在新业务刚刚启动的时候，克服常见的挑战；如何针对进店闲逛的顾客，在不跟踪尾随、强卖硬推的前提下，抓住他的注意力，挖掘实际生活场景需求，最终促成业务，而且还是从60岁出头的非主流顾客身上找到突破口，一气呵成让他买了三件产品。

但是这个案例，能不能直接拿去一线推广复制呢？不能，为什么呢？这个案例有特殊性，它虽然是一个成功的案例，但是它有其适用的条件。比方说这个案例当中60岁的老大爷，他喜欢锻炼健身，而他还有一个80多岁的老母亲，正好有起夜照明方面的需求。他的需求是比较特殊的，不可能每个人都遇到同样的顾客，而遇到的顾客又恰好有同样的社会关系能够作为突破口。

所以说到底，案例都是此情此景下一个事件的再现，它展示了业务专家在这个具体情景下是如何做的，这固然重要，但更重要的是要去挖掘出他背后为什么这么做的思路和原理，还有底层的方法，这才是可以在更大范围内去推广复制的方法论。比方说上面这个案例我们后续锁定了几个关键点。第一，我们的业务专家是如何在头脑当中对客户进行画像的；第二，针对这种闲逛型顾客的销售推介总体思路（如图 3-2）；第三，典型应用场景的场景销售话术。

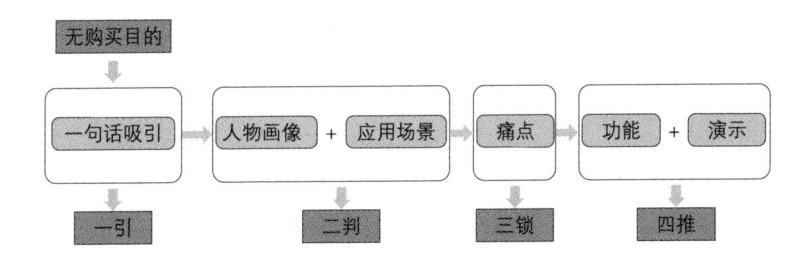

图 3-2　进店闲逛型顾客销售推介四部曲

这些才是在华为真正被放到全国范围内推广复制的东西。

这方面的例子还有很多，比方说人民解放军后来比较著名的"四组一队""四快一慢"的打法，就是当时在四平攻坚战中提炼总结出来的。战斗的经过虽然不能推广复制，但这套打法后来成为全军广泛复制推广的样本，到今天还影响着包括像华为这样的一些公司，比如市场作战体系和组织阵型建设。

表 3-1 是我总结的，在不同领域，通过案例可以总结提炼的一些常见方法工具。这些方法工具如果使用得当，能够真正成为公司

宝贵的知识资产，可以在不同的业务团队中流传、推广、复制。

今天在业内看到的许多经典模型工具方法，比方说波士顿矩阵、SWOT分析、营销领域中的LTC方法论、SPIN提问法等，它们也是从现实中的一些案例做法提炼总结、不断完善打磨出来的。重要的是从案例当中提炼方法论，它的通用性决定了其适用性和应用推广的价值。

表3-1 业务领域常见工具方法提炼汇总一览表

领域	工具	用途	举例
综合管理	条件要素模型	描述符合某些条件的产出或标准，或分析某一情况需要考虑的若干核心要素	SMART目标、波特五力模型
	规划定位框架	分析和确定产品或服务在市场中的定位，并指导资源分配	波士顿矩阵模型、时间管理象限
	视觉化模型	通过图示化方式展示复杂概念或结构，便于理解和分析	冰山模型、马斯洛需求层次模型
	决策打分表	通过评分系统对多种选择方案进行评价和比较，以选择最佳方案	胜任力面试评价表、开店选址打分表模型
	情境沟通策略模版	针对特定情境设计的沟通策略和流程，以确保有效沟通和危机管理	危机公关策略模板、变革管理沟通模板
营销	营销话术	提供标准化的沟通语言和结构，帮助销售和客户服务人员在特定情境下有效沟通	电话销售话术模板、客户异议处理话术
	分步操作指南	提供详细的步骤指导，确保特定营销活动或过程的有效执行	市场调研操作指南、广告投放操作指南

（续表）

领域	工具	用途	举例
	营销口诀	简化和记忆关键营销原则和步骤，便于快速应用	AIDA口诀、FAB口诀
	核查清单	列出关键任务和检查点，以确保所有必要步骤都已完成	营销活动核查清单、内容营销核查清单
	分类对策清单	针对不同类型的客户或情境，提供相应的应对策略和行动计划	客户分类对策清单、投诉处理对策清单
生产制造	标准操作流程（SOPs）	规范操作步骤和流程，以确保一致性和质量控制	生产线操作SOP、设备维护SOP
	故障排除指南	提供故障诊断和解决步骤，帮助快速排除生产或设备故障	设备故障排除指南、工艺流程故障排除指南
	质量控制清单	列出质量检查的关键点和标准，确保产品或过程符合质量要求	生产质量控制清单、进料质量控制清单
	操作口诀	简化复杂操作步骤，帮助工人快速记忆和执行安全或工艺操作	安全操作口诀、工艺操作口诀
	预防性维护计划	定期维护设备和设施，以预防故障并确保生产线的平稳运行	设备预防性维护计划、生产设施预防性维护计划
研发	研究方法指南	提供定量和定性研究的步骤和方法，指导数据收集、分析和解释	定量研究方法指南、定性研究方法指南
	创新思维框架	结构化的方法，促进团队生成和评估创新想法	头脑风暴框架、TRIZ创新方法
	实验设计模板	标准化实验设计和数据分析方法，以确保实验结果的可靠性和重复性	实验计划模板、A/B测试模板

（续表）

领域	工具	用途	举例
	项目评审清单	列出项目评审的关键点和标准，定期评估项目进展、资源使用和风险管理	项目进度评审清单、项目质量评审清单
	技术规范和标准	定义研发过程中应遵循的技术要求和标准	研发技术规范、产品开发标准

作为公司业务管理者，一定要有这样的视野和认识，仅仅挖掘复制案例是不够的，还要推动大家总结出案例背后的思路、原理、方法论。在这方面，如果有较好的员工素质和内部条件，我们可以逐渐引导大家建立这种能力，如果暂不具备这些条件，也可以考虑与外部专家合作，引入一些工具、方法、范例，帮助大家更好地做到这一点。只有这样大家才能真正透过案例，做到既知其然又知其所以然，更好地推广应用这背后的方法。

在这个过程中，有很多时候我们也不能单纯依赖从案例中提炼总结，还要结合行业的一些方法论、模型框架做有效的结合和参照。这样内萃、外取相互印证，才能更好地帮助我们解决组织内的业务难题，赋予其更大、更长久的生命力。

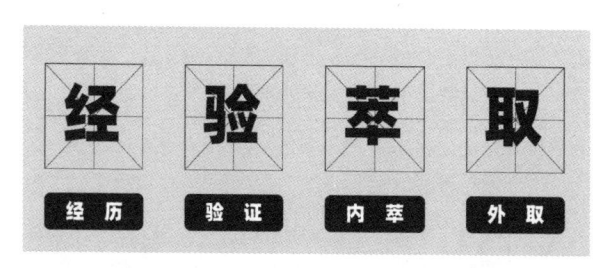

图 3-3 拆字理解经验萃取示意图

不同复杂程度的案例萃取要点

本章主要探讨的是从案例中萃取方法来解决组织的业务难题。组织面临的难题的颗粒度，或者说大小是有区别的，这会影响案例的篇幅和复杂度，因此经验萃取也有相应的级别。李文德老师在他的《组织经验萃取》中，把经验萃取由低到高分成三个层级，分别是专业岗位级、团队运营级和组织经营级（如表3-2所示），开发难度依次提升。

表3-2 三层级组织经验层级分类表

层级	涉及任务	典型举例
专业岗位级	企业有许多按照专业职能划分的工作任务，可以由一个人完成	- 客户服务（售后标准服务、会员服务、投诉处理、客户挽留等） - B2C 销售（店铺面对面销售、电话销售、网络销售等） - 设备管理（设备日常保养、检修、故障处理等）
团队运营级	企业还有许多复杂任务是需要协同完成的	- B2B 销售（大客户协同销售工作方法论，训练销售代表、售前顾问、项目经理的协同销售能力） - 房地产项目开发（项目协同交付方法论，训练项目经理、设计、工程、成本、营销、客服、开发等多个专业岗位的项目协同交付能力）

（续表）

层级	涉及任务	典型举例
组织经营级	企业还有整体经营类任务，涉及高层管理者和全体员工	– 文化传承和共建 – 战略规划与执行 – 变革推动 – 产品及服务创新 – 国家或区域业务启动或变革

按照我们的经验，专业岗位级案例通常可以通过一到两天的工作坊，由我们带领业务专家在课堂上批量产出。这个过程大体上的步骤是：选题定题、开发案例梗概、萃取填充内容、总结方法工具；团队运营级案例通常需要两次以上的工作坊，加上一些前后设计的访谈和辅导，以团队为单位来产出；组织经营级案例，则往往需要更长的时间，经常需要两到三个月的时间，要结合若干轮对关键人物的访谈和数轮工作坊验证，然后辅以密集地采编、校对才能完成。

在华为，根据案例承载的信息量和对应业务场景的复杂性，一般将案例分为大型案例和中小型案例，两者关系和区别如图3-4所示。如果从以上组织经验分层的角度来匹配，团队运营和组织经营级的案例大体对应大型案例，而专业岗位级案例则基本属于中小型案例。

在具体的表现形式和开发思路上也有差别。专业岗位的个人案例，通常可以用STAR等模型支撑开发。如果是团队和项目，包括组织级别的大型案例，它的形式就更加复杂。以下分享我在《华为训战》中提及的华为用在复杂案例开发上的一套思路和方法。

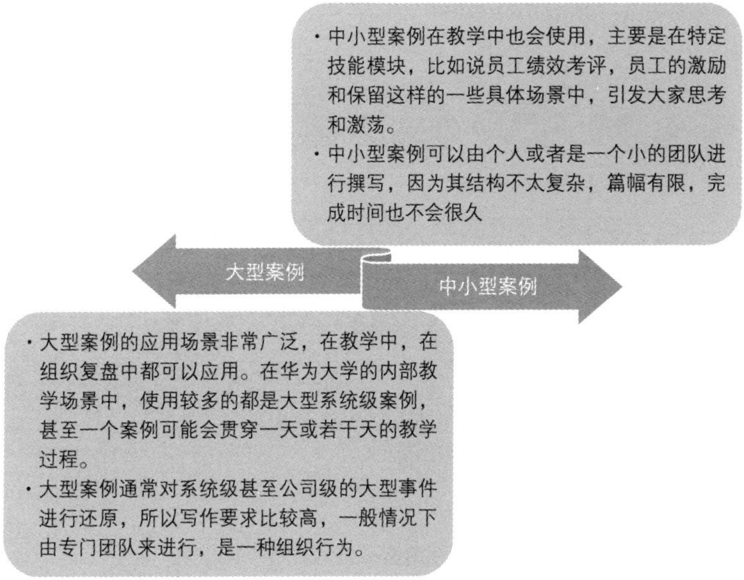

```
┌─────────────────────────────────────┐
│ • 中小型案例在教学中也会使用，主要是在特定  │
│   技能模块，比如说员工绩效考评，员工的激励  │
│   和保留这样的一些具体场景中，引发大家思考  │
│   和激荡。                          │
│ • 中小型案例可以由个人或者是一个小的团队进  │
│   行撰写，因为其结构不太复杂，篇幅有限，完  │
│   成时间也不会很久                    │
└─────────────────────────────────────┘
        ⬅ 大型案例      中小型案例 ➡
┌─────────────────────────────────────┐
│ • 大型案例的应用场景非常广泛，在教学中，在  │
│   组织复盘中都可以应用。在华为大学的内部教  │
│   学场景中，使用较多的都是大型系统级案例，  │
│   甚至一个案例可能会贯穿一天或若干天的教学  │
│   过程。                           │
│ • 大型案例通常对系统级甚至公司级的大型事件  │
│   进行还原，所以写作要求比较高，一般情况下  │
│   由专门团队来进行，是一种组织行为。       │
└─────────────────────────────────────┘
```

图 3-4　大型案例和中小型案例的应用

　　大型案例一般总结系统的重大成功或失败，典型的如华为广东C网案例、华为马电案例等。大型案例中融合了组织及个人经验，跨领域或跨业务流程，很多时候还承载着组织的期望和导向，需要征调较多当事人和业务专家的深度参与和支持，所以一般由专门的项目团队介入进行整理，属于组织行为。

　　大型案例一般包括以下结构。

　　故事正文，包括：标题、背景、正文、附件等。

　　观点提炼，包括：核心理念、工具、技能包、经验教训、根因分析、改进措施、思考题等。

　　开发上，如图 3-5 所示，主要分为六步，每一步的关键输入和产出如表 3-3 所示。

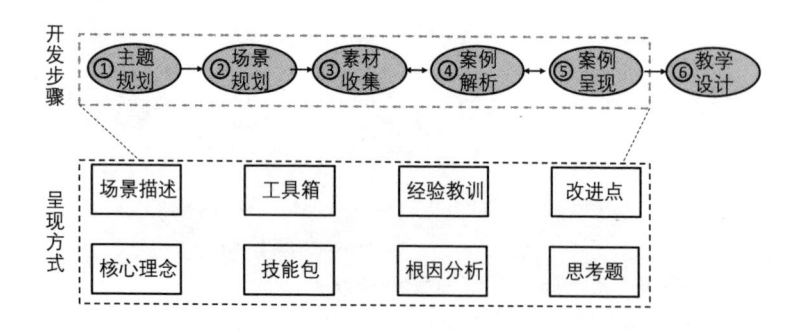

图 3-5 大型案例开发六步及呈现方式

表 3-3 大型案例开发六步要点操作表

大型案例开发步骤	关键动作	关键输出
1. 主题规划：确定案例的中心思想和学习要点	● 解读 Sponsor 期望 ● 阅读相关文档 ● 访谈关键干系人 ● 案例学习价值研讨 ● 主题规划研讨会 ● 整理优化 ● 设计主题	● 案例整体中心思想 ● 案例主题 ● 行文逻辑（因果顺序、时间顺序） ● 行文结构 ● 人物关系地图 ● 项目计划
2. 场景规划：选取典型事件，支撑案例主题	● 扩大访谈及阅读范围 ● 场景规划研讨 ● 选择能够反映主题的场景	● 场景（故事）规划

（续表）

大型案例开发步骤	关键动作	关键输出
3. **素材收集**：根据主题/场景规划，多方位收集	● 根据主题及场景规划收集素材（如各种文件、会议纪要、邮件等） ● 增加访谈范围 ● 根据素材来源进行定向收集 ● 根据整合、解析的结果补充收集	● 访谈输出 ● 素材列表 ● 有可能，修正主题及场景规划
4. **案例解析**：素材与场景匹配，迭代开发	● 根据场景规划，将素材进行归类 ● 打磨素材使其合乎逻辑 ● 和素材提供者确认 ● 确保场景关联和体现主题 ● 复盘，场景间平滑过渡和衔接	● 整理好的素材 ● 详细编写思路
5. **案例呈现**：补充修正文，呈现其他要素	● 确定案例呈现内容维度（场景描述、核心理念、工具、经验教训、思考题等） ● 确定写作规范，输出样板 ● 统一版面布局、字体、标识符、编码规则 ● 各模块的案例编写，及评审 ● 各模块的集成，整体拉通[1]评审	● 案例正文
6. **教学设计**：根据教学目标，设计案例教学	● 确定教学目标，进行相应的教学设计 ● 案例的使用包括 5 种方式：自学反思、自学输出心得、导师辅导所用材料、业务主题研讨材料和案例教学 ● 如要用到其他课程的案例教学，则可能要根据案例难度重新调整案例的描述、思考题等	● 案例教学讲师手册 ● 案例教学学员手册 ● 引导 PPT

---

[1] 华为内部用语，意为在不同职能和部门之间进行协调和协同。

在这里我们接触到了一些典型案例，如某个特大型能源煤炭企业，他们的功勋团队自己在工艺研发、生产等方面的一些大型案例；某家头部乳品企业，他们赞助世界杯营销的全景复盘案例；某家头部快速消费品企业进入四川等省级市场的复盘案例等。这些案例帮助企业提炼出经验教训和方法，成为这些企业内部面对同样难题的重要参考，也成为组织内部宝贵的知识资产。

以下案例是某特大型煤矿企业下属焦化厂，在沥青工艺技术变革中通过功勋团队案例总结提炼出的技术革新应用方法。由于是自己感触颇深的亲身经历，团队在现场根据我的引导输出案例梗概和正文没有耗费太大力气，而在背后的工艺技术变革应用方法梳理上却陷入困顿。在这个过程中，我提供了两个支架辅助他们，一是不断地引导他们跳出案例本身去反思背后的思路和方法，一直在追问他们"背后的根本思路是什么？哪些是脱离案例其他伙伴也可以学习借鉴的东西"。二是提供一些过往其他项目的样例成果启发他们，供他们参考。实践中，提炼总结大型案例背后的思路和方法往

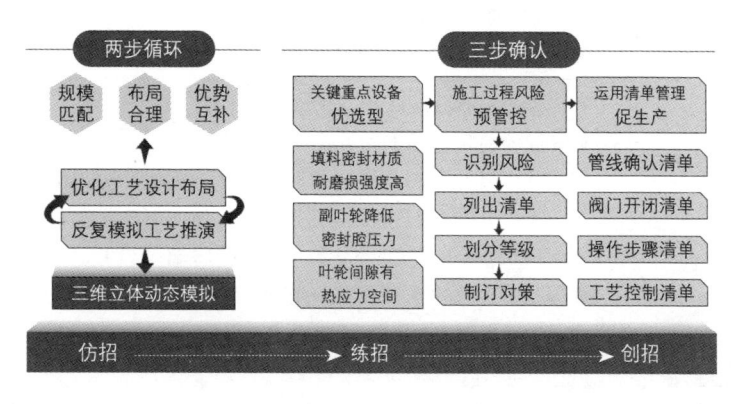

图 3-6 沥青工艺技术变革应用方法

往是案例萃取开发的重、难点之一，行之有效的思路就是两头挤压，一方面协助专家们不断跳出案例做抽象反思，一方面给予行业方法做参考和输入。

认知任务分析揭示高手直觉从何而来

通过案例和专家经验，提炼工具和方法，还有一个关键问题不得不提，那就是如何透视高手大脑中的隐性知识？所谓显性知识就是已经通过文字、图表、公式、手册等表述出来的知识，而隐性知识就是还隐藏在专家头脑深处，等待提取的隐形诀窍、肌肉记忆、内在信念等"运用知识解决问题"的知识。有时专家能解决某些复杂问题，但甚至连其本人都说不清楚自己是如何解决的，这就是隐性知识在起作用。当今，这方面知识变得非常重要，但很多时候并

图 3-7　显性知识和隐性知识的冰山模型

不为人们所认知和觉察,一旦我们认识不到背后的奥秘和方法,往往会将其归为"天赋"和"技艺"。

以下分享美国知名认知心理学者加里·克莱因(Gary Klein)在其著作《如何作出正确决策》中关于隐性知识的一个经典研究案例[1]。

> **案 例**
> **火场指挥官的第六感关键时刻救了团队**
>
> 火灾发生在住宅区中的一座单层建筑内,火势集中在楼房背面,厨房区域,火情看起来较易处理。中尉带领自己的部下拿着软管冲进建筑中,向火焰上洒水,但是火舌反而烧向了消防员。
>
> "好奇怪。"中尉暗忖。水应该可以产生更强烈的冲击力啊。他们使用同样的方法,又企图熄灭火焰,但仍然失败了。他们退后了几步,组队商议。
>
> 之后,中尉开始觉得情况有些不对劲儿。他也说不清楚自己发现了什么线索,但就是觉得待在那间房中感觉不对。因此,他马上组织部下撤出大楼——只是一幢普通的建筑,平常无奇。
>
> 众人退出大楼之后,他们刚才集合的楼层就坍塌了。如果大家当时待在里面,就必然葬身于瓦砾当中了。

---

[1] 加里·克莱因,《如何作出正确决策》,中国青年出版社,2016年4月,58页

中尉再次强调道："就是第六感。"随后，又讲了一些优秀的指挥官都会说的话。对他进行深入询问后，我们可以归纳出如下事实：

他并没有猜测到该楼设有地下室。

他并没有猜测到火源是地下室中的一把椅子，恰恰位于他和队员集合商讨并随即解散的卧室下方。

但他已经开始诧异于为什么火焰的反应与预期不符。

当时众人都认为这是发生在一间家庭住宅厨房的小火灾，但中尉还是觉得现场的温度过高。

现场太过安静。一般来说，火灾现场都比较嘈杂，鉴于房间内热量较高，他本以为噪声会更大一些。

整个现场模式都不正常，并不符合中尉的预期，也让他意识到，自己并不知道应该如何处理眼前的情况。正因如此，他才让属下退出大楼。事后回想起来，实情与预期不符的原因已然非常明晰。正是由于火情起源于队员们的脚下而非厨房，因此大家的灭火努力才没有作用，温度的提升要比中尉设想的更高，而地板作为阻隔物，有效地降低了噪声，种种一切，形成了温度较高而声音较小的火场环境。

克莱因正是通过跟资深的消防现场指挥官做抵近现场的深入访谈，才总结出如图 3-8 所示的启动识别决策模型（Recognition-Primed Decision，RPD），意思就是应用模式识别和心理模拟来做决策,也被称为自然决策,是人类在长期的进化过程当中形成的靠直觉去做决策的方式。而商学院教科书上那种条分缕析、步骤分明,根据决策目标,先形成不同选项,然后确立评估标准进行分析对比的决策则被称为理性决策。

比如上面的火场消防指挥官,克莱因等人发现,这些人在火场当中非常紧急的情况下,压根儿就不会考虑和形成什么可选项,更没有在不同的可选项之间进行比较和权衡的过程,那他们是怎么做决策的?

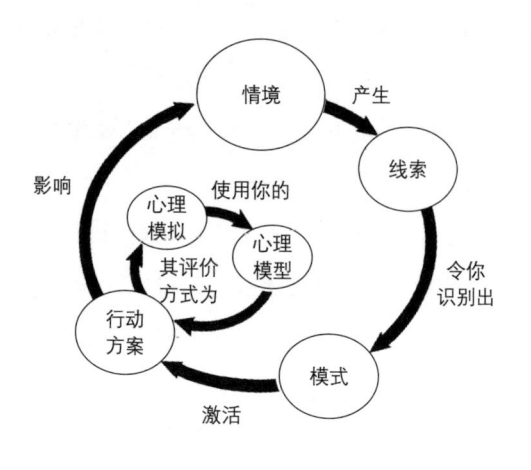

图 3-8 启动识别决策模型

异常点 1:他们并没有比较任何选项,而是绝大多数情况下,仅仅构思出一个行动方案,就立即加以实施了。

他们为什么如此信任自己所构想出的唯一行动方案而不是多想几个加以比较呢?研究显示,这基本是经验的功劳,他们先前在成为消防指挥官前后积累的经验,逐渐内化成丰富的模式,尤其是在火场这种分秒必争的环境下，消防指挥官根本来不及构想也不需要最佳选项。相反，他们需要尽快确定一个可以接受的行动选项，因为形势实在是千钧一发。

异常点2：他们如何在不与其他选项进行比较的情况下，评价某一行动方案——潜在行动方案的？

此前所有传统决策理论都指出，个体必须要系统地比较不同选项之间的优缺点。但是深入的访谈和研究的确显示，消防指挥官并没有构思出任何其他行动选项，这如何解释呢？正确答案是：消防指挥官依赖于"心理模拟"的过程进行预演和评价。

通过更加深入地观察消防指挥官的决策过程，克莱因和研究团队发现，他们在评价行动方案时，会有意识地去想象将其实施之后将会发生什么，这一过程就被称为"心理模拟"。决策者需要预想并且模拟某一情景——在头脑中进行演示，倘若他们在某一个案例中采取了某一决策，他们预期将会发生什么。他们会构建出一幅内心预期的画面，然后他们会仔细观察一次这幅画面，有时甚至会反复预演和观看。

情况1：如果他们对自己所看到的画面感到满意，就会做出积极的回应。

情况2：如果发现了纰漏之处，他们一般会更改行动方案。

情况3：假如他们发现问题无法解决，就会果断放弃这一行动选项，然后再生成和审视下一个行动选项，但不会将其与其他行动选项进行比较。

而且这种比较的过程不像我们在这里用文字慢条斯理地进行陈述，是在电光石火之间完成的。

他进一步研究，发现更让人惊讶的是，很多专家做决策都不符合理性决策模型，尤其是在时间紧急、信息不充分、代价巨大、环境动态变化的条件下，比方说战场上、火场中、急诊科医生处置危急病人、拍卖、金融投资加注，他发现这样的情况下做决策，专家一般都不会进行条分缕析的理性决策。

从这里开始，他的研究和实践，大大拓宽了人们对于专家头脑中隐性知识的认识和理解，也使得认知任务分析（Cognitive Task Analysis，CTA）的重要性得到了普遍认可。所谓认知任务分析，就是专门探究深藏于头脑当中的认知判断和决策活动，对这些活动进行还原和分析的过程。

借助认知任务分析和上面所提到启动决策模型的思路，将有助于我们更加深刻清晰地理解一些专家的"颅内神技"。

我们知道，有些HR和业务领导眼睛是很毒辣的，一眼就能看穿求职者合不合适，你问他们，他们往往说不出所以然来，但大家都承认他们确实眼光独到，看人很准，最后只能归结为经验老到或者有识人相面天赋。

其实我们运用上述识别启动决策模型，很容易发现两者是完美匹配的。首先是模式识别的部分，有经验的HR和领导会很快地留意到求职者身上一些线索和蛛丝马迹，而其他人通常难以察觉到，譬如根据求职者的神态表情，回答问题的细微方式，推断他韧性如何，他求职意向到底强不强，跟企业和直属领导契合度如何。

接下来是心理模拟的部分，HR和领导会在头脑中快速盘算和推演，如果把求职者放到招聘的目标岗位上，会不会有重大的问题，比方说他能否适应那个要求极高的上级，能否很好地嵌入这家组织的系统,他有没有可能给公司带来预期的突破和改变?所以我们所说的"这个老板或 HR 看人神准",其实从自然决策(直觉决策)角度去剖析完全是有迹可循的,而我们从理性决策的角度出发,却很难看透端倪。

这启示我们,自然决策(或称为识别启动决策)模型的使用概率和场合可能远超我们想象。表 3-4 就是克莱因通过严格规范的研究,统计在不同领域中识别启动决策模型策略的使用频率。从中可以看出越是资深的老手,越是倾向于使用直觉决策,这就意味着如果不熟悉和了解认知任务分析和其中的一些模型方法,我们就无法真正地透视专家大脑,无法把一些最有价值的经验、诀窍挖掘萃取出来。而我们的业务迟迟没有突破,团队久久不能进步,很可能就源于这些关键的经验诀窍还躺在黑暗的深闺里,无人知晓。

表 3-4 不同领域中启动识别决策模型策略的使用频率

研究对象	决策点个数	使用启动识别决策模型策略处理的决策点占比(%)
1. 都市地区的消防指挥官	156	80%
2. 消防指挥官"老手"	48	58%
消防指挥官"新手"	33	46%
3. 坦克排长	110	42%
4. 野外消防指挥官	110	51%
功能性决策	79	56%
组织性决策	31	39%
5. 设计工程师	51	60%

(续表)

研究对象	决策点个数	使用启动识别决策模型策略处理的决策点占比（%）
6. 战斗指挥团队	27	96%
7. 神盾巡洋舰指挥官	78	95%

高手的直觉和洞察力，我们可以后天学习吗？

当我们理解了认知任务分析的思路和方法，就会发现有些业务环节的专家的直觉和洞察力很可能也是可以被破解和萃取的。

案例
一眼就能识别出婴儿感染败血症的护士

新生儿护士需要做出的艰难决策之一就是判断婴儿是否感染了脓毒（败血症）——换句话说，是否被感染。这些婴儿仅仅重几斤——有一些更属于所谓的"微型婴儿"，尚不足两斤重。如此幼小的婴儿在受到感染之后，症状会蔓延至全身，在抗生素发挥效用之前，婴儿就会死去。因此，尽快识别出感染症状至关重要。

克莱因跟一家医院的合作研究发现，不知新生儿重症护理组的资深护士们采取了何种方式，但她们确实有一个绝活儿，那就是通常仅仅看一眼小婴儿，甚至是微型婴儿，就可以告诉医生什么时候应该注射抗生素。有时候，医院会据此给婴儿做细菌感染测试，甚至结果显示是"阴性"未感染时，医生还是会遵循护士的建议，给婴儿注射抗生素。一般而言，在测试次日，结果就将变为"阳性"。

这种决策技能恰恰是我们最为感兴趣的研究对象。刚开始，克莱因询问护士们是如何做出这些决策的，护士们告诉他是"直觉"或者说是"累积的经验"。这就是答案。护士们没有什么其他好说的，她们只需看一眼婴儿就能知道答案。

之后克莱因的团队专门对护士进行了认知任务分析方面的研究。研究人员一个接一个地单独采访护士，让她们说出自己注意到新生儿受到感染的具体案例。护士们都能够回忆起相关事例，而且全都能够记起当时吸引到她们留意的细节包括哪些。当然，引发注意的线索各有不同，而且每名护士回忆出的事例个数也有限。研究人员据此总结了一份"感染症状和婴儿行为模式清单"（表3-5），并且拿出了这样一张线索诊断表，得到了新生儿疾病学专家的认可。

表中某些因素与医学文献的内容一致，但有50%以上的线索是全新发现的，某些感染症状还跟成人的相应症状是完全相反的，譬如受到感染的成人往往急躁易怒，新生儿被感染后反而变得更加温和。

如果一个微型婴儿之前每次量体重都要哭闹，某一天却没有哭闹，那么对于经验丰富的护士而言，这就是一个非常危险的信号。

此外，护士们不会根据单一线索作出判断。她们通常会关注到一系列的线索，这些线索单独看来指向力都比较微弱，但组合在一起，就说明婴儿身体有恙。

表3-5　早产儿败血症的关键线索清单

线索	描述
肤色变化	发病早期：肤色苍白，四肢部位最为明显；皮肤下方隐现灰色调。
	感染加重：灰色肤色变得明显。一些护士把这种颜色描述为绿灰色，还有一些护士称之为黄灰色。"灰色"这一描述始终存在。
呼吸与心率	呼吸暂停与(或)心动过缓频繁发作；两种症状的加速模式为一个重要标志。
嗜睡	婴儿的警觉性降低、嗜睡、无精打采。
	肌肉松弛、动作迟缓。
无反应	对刺激信号的反应能力降低。
进食异常	腹胀、消化能力下降。

案例看起来很有意思，似乎案例的主人公具有见微知著、洞察入微的能力。我们有时候也会夸奖很多企业家，或者在企业里面很具有生意头脑的人，他们往往有生意上的直觉，这种直觉帮助他们超越数据和事实，在事情样貌还不清晰的时候就做出正确的判断和决策。

就像卡尔·冯·克劳塞维茨（Carl von Clausewitz）在其名著《战争论》中那句名言："**当战争打到一塌糊涂的时候，高级将领的作用是什么？就是要在看不清的茫茫黑夜中，用自己发出的微光，带着你的队伍前进。**"

我正是受护士的案例启发，帮助一家零售企业，找到了破解他们一个关键岗位对消费者的洞察能力的奥秘。

案 例

零食企业市场经理如何运用卓越的直觉开发畅销新品

这家零食企业A有一个主打品类是儿童零食，其中有一个爆品是小兔山楂棒，这个爆品诞生的过程挺有意思。他们的市场经理无意间捕捉到了一个需求，就是小朋友喜欢吃糖，但妈妈们都不太希望小朋友吃糖，认为这不是一个好习惯，会导致蛀牙且影响食欲，小朋友吃饭的时候不好好吃饭。

市场经理就在思考新产品要如何既满足孩子们吃糖的需求又兼顾妈妈们的忧虑，于是他开发了一个山楂棒的产品概念。山楂棒主体就是山楂，原料很天然且促消化、健脾胃，还有一些营养保健的功能，这个产品概念听起来感觉不错，但怎样进一步激发小朋友们的尝试欲望呢？这个市场经理又敏锐地捕捉到一个有趣的需求，他在家里的时候给孩子喂水果，他的孩子就不怎么喜欢吃，但是当他把棒棒糖的那个棍子插到水果上面，做成像一个小棒棒糖一样的形态，孩子就吃了。于是他就基于这个进一步完善之前的产品概念，把那个山楂做成一个棒棒糖的样式（图3-9）。

接下来他买了一堆棒棒糖来试吃，体验口感，他留意到嚼棒棒糖有时候会粘牙齿，口腔感觉不舒服，于是他又基于这样的洞察，认识到需要把山楂棒做得很脆，让小朋友嚼起来不会粘牙齿，但如果把山楂棒做得很脆，就需要代加工工厂要有工艺上的技术保障，不然包装的时候就容易破损。最后，他就把这所有的构想都变成一个概念卡，把所有产品特性、包装、希望实现的效果都写在里面，然后拿着这个概念卡去找采购经理。

采购经理要去联系山楂棒的原材料提供商，包括接洽工厂，看谁能够按照以上的要求生产出来。最后，采购经理还要去找产品研发部门，看看用什么样的食品科学技术能够把这个山楂棒体做出来。

我们一直认为，这样的直觉是没有办法训练培养的，只能靠员工自身的禀赋、素养和经验，但这个案例当中，我们由于受到克莱因研究的启发，领悟到如果仔细认真地去还原，这个过程当中仍然有很多蛛丝马迹是值得推敲，并且可以被总结和提炼复制的。例如专家是从哪些线索中识别出这样一个需求的，当他做初步决策判断时是从哪里和谁那里获得信息的，在此过程中他是否回想起此前的类似经历，这些经历是怎样发挥作用的？

通过对这样深藏于头脑当中的认知判断和决策活动进行还原和分析，我们往往会对一些专业岗位工作有豁然开朗的理解。我跟企业接触，发现不少企业都没有认识到这一点，其实除上面的消费者洞察外，在这方面的实例还有很多，以下是一些我们常见的实例，在这些例子当中，直觉都起到明显作用，而且都是值得研究和破解的（表3-6）。

图 3-9　某零食零售企业小兔山楂棒产品示意图

表 3-6 高手直觉、洞察力高价值应用和萃取领域一览表

高价值作用领域示例	直觉和洞察发挥作用
高层管理决策	高层管理人员经常需要在缺乏完全信息的情况下做出关键决策。他们的直觉在战略规划、危机管理、合作伙伴选择等方面尤为重要，因为这些决策通常涉及复杂的变量和未来的不确定性。通过对行业动态、公司历史和竞争环境的深刻理解，高层管理者能够做出迅速而准确的判断
创新和产品开发	在创新和产品开发过程中，设计师和工程师经常依赖直觉来评估概念的可行性或寻找解决问题的新方法。直觉帮助他们识别那些只有通过实验和原型制作才能揭示的潜在问题和机会。这种直觉判断通常基于对相关领域深入知识和以往成功与失败案例的理解
营销和消费者洞察	营销专家和消费者研究人员使用直觉来解读市场趋势和消费者行为数据，特别是在数据不足以提供明确指导的新市场或产品类别中。直觉帮助他们在复杂的数据背景下识别模式，预测消费者需求的变化，以及设计引人注目的营销策略
营销人员的客户画像	在 2C 和 2B 的营销当中，都会发现有经验的营销人员，能够快速地结合自身经历对优质客户进行画像和筛查，他们了解一些基本信息后，就会迅速在内心判断这个客户是否有潜力，是否有意向，而且往往判断是比较准确的
财务分析和投资	财务分析师在解读市场动态和评估投资机会时，会依赖直觉判断。他们必须在海量的数据和经济指标中寻找有价值的信息，直觉帮助他们识别可能影响公司财务表现的非传统因素
人力资源和招聘	在招聘过程中，HR 专家依赖于直觉来评估候选人是否适合公司文化和开放职位的需求。尽管履历和测评等提供了量化的数据，但面试官的直觉在评估候选人的潜力、动机和团队适应性方面起着关键作用

所以，知识萃取如果不能深入到人的深层认知，揭示电光石火之间专家头脑的运作和盘算过程，很多绩效问题就会像一个黑匣子一样，被看成玄学或者深不可测的奥秘。其实黑匣子是可以被打开，可以被破译的，运用科学的方法，可以相当程度上破解其工艺方法，形成知识成果供其他人参考借鉴学习，最终助力企业解决自己的业务难题。

正如惠普前总裁卢·普拉特所说："如果惠普知道自己所知道的，工作成效会是现在的 3 倍。"

第四章

变革落地：透过案例凝聚共识

前所未有的危机下，一个独特的战例点燃了队伍

2019年年初，华为的终端业务如日中天，2019年第一季度，华为的全球智能手机市场份额达到17.6%，出货量为5900万台。这使得华为超过苹果，成为全球第二大智能手机供应商，仅次于三星。在中国市场华为的表现也尤为突出，2019年第一季度华为占据了34%的市场份额，继续保持市场领导地位。

然而2019年5月16日，美国一纸令下，华为被列入"实体清单"，制裁给华为几乎带来了灭顶之灾，华为终端中国区一下子就从原来的大后方变成了承压墙。为什么这么说呢？原来的中国区是终端的粮仓，但海外的业务基本上和中国区并驾齐驱，发展势头非常好。然而这突如其来的打压使得中国区面临几层挑战。第一是新业务拓展需要大幅提速，原来非手机类的全场景业务，像平板、电视这些才刚刚起步，完全不足以弥补手机业务所带来的损失，所以一方面要在海外手机业务受到重创的情况下保住中国区这个粮仓，另一方面要积极开拓非手机类新业务。第二是原本准备稳步推进的一些变革也必须跑步前进，像零售、体验店、渠道侧的变革，原本计划用两到三年稳步推进完成的，现在被迫加快速度，必须力争在一年甚至半年之内完成。第三是面临大量的人员回流。海外遭到打压后，业务进入冰冻期，许多海外员工没有了去向和出路，相对稳

定的中国区就成了承载这些人员的蓄水池。例如，原来在南美某国担任国家代表的一些人，回到国内可能只能做一个县代表，虽然华为的员工已经习惯了这种能上能下的文化，对此毫无怨言，但在组织和人员上显然会给中国区带来巨大的挑战。

在这种恶劣形势下，CBG（消费者业务群）以及中国区急需给业务变革找到一根重要的精神支柱，这根支柱后来确定下来，那就是危难时刻显身手的塔山阻击战。

根据人民网的报道，塔山阻击战发生于1948年10月，是中国解放战争中的一次关键战役。它发生在辽宁省锦州市塔山地区，由中国人民解放军第四野战军与国民党军队之间进行。此战役的战略目标是解放军抽调重兵阻止国民党军重兵增援锦州，确保辽沈战役的胜利。塔山作为通往锦州的重要交通要道，其得失直接影响到整个战局的发展。

解放军在塔山进行了坚决防御，面对国民党军队的多次猛烈攻击，坚守阵地。战斗异常激烈，双方损失惨重，但解放军凭借顽强的战斗精神和灵活的战术最终成功阻止了国民党军队的增援，确保了锦州战役的胜利。[1]

正是因为塔山象征着艰苦卓绝的牺牲和胜利，华为内部把中国区当作整个公司和CBG的塔山，全场景、体验店等的变革等也被命名为塔山项目。更重要的是，为了统一思想、凝聚人心、鼓舞士气，2019年7月，中国区正式发起了面向全国地市[2]主官的塔山特训营。

---

[1] 人民网，吕丹，塔山阻击战：不可磨灭的经典战例，2020年9月14日，http://dangshi.people.com.cn/n1/2020/0914/c85037-31859718.html

[2] 华为内部的地市并不完全对应行政区划的地级市，而是根据业务总量和潜力，可能包括1个或若干个地级市。

地市主官，负责一个地市的订货收款目标、渠道管理、零售管理、店面建设、人员管理和市场秩序等，可以认为是一个地市的大家长。全国大概有 200 多个地市，所以就有 200 多个地市主官，他们是上下传达，贯彻业务变革理念的重要触点和抓手，因此中国区管理团队专门把这个训练营命名为塔山特训营，所有的课程都是由中国区总裁及 AT（核心管理团队）发起设计的，并不断刷新。

表 4-1 塔山特训营课程表

课前学习	课中学习						课后学习
Day-10-0		Day-1	Day-2	Day-3	Day-4	Day-5	Day 60
案例学习	8:30—12:00		开班引导	组员分享	组员分享	组员分享	行动计划
			地市主官角色认知	零售变革	体验店变革	员工发展	
			地市风险管理	渠道销售	市场秩序	人员管理和团队建设	
	13:30—18:30	团建开班	A 省实践分享	组内研讨	组内研讨	组内研讨	
				合班发表	合班发表	合班发表	
	19:30—22:00	业界案例研讨	专题辩论研讨 1	专题辩论研讨 2	专题辩论研讨 3	结班引导	
						结业典礼	

真正开课的时候，华为首先给地市主官们提供了 1000 多分钟的视频学习内容，这些内容都来自于一线的案例和经验分享。高层尤

其关心大家是否阅读了塔山战例的材料，读完还需要汇报观后感，因为这是整个变革项目的中心思想，一些课前学习不认真，没有完成视频学习或者提前提交案例作业的主官，甚至被中国区总裁亲自打电话批评，取消其学习资格。

塔山特训营的核心思想是传导整个变革的精神，同时考验和加深大家对变革的理解，从以上课程表可以看出，大量内容围绕变革和业务红线等要注意的事项。早上是讲课输入，下午是分组研讨，晚上围绕特定辩题开展辩论。我当时列席了北区和南区的一些夜间辩论，亲身体验了高强度的辩论，一些辩论甚至会持续到凌晨两三点，中国区核心管理团队都是全程参与的，有的部分还要现场提问和挑战大家的思考深度。不管你是新进来的员工还是老员工，也不管你是原来中国区的老兵还是国外回流的新兵，通过一系列的研讨，在这样一个面临外部巨大冲击的背景下，大家在思想意识上能快速达成统一，并且获得巨大的精神支撑。

这一系列的战时研讨和变革，使整个中国区的队伍以一种自信的姿态拥抱变化和挑战，最终帮助 CBG 走出了自公司成立以来最大的阴霾和低谷。

华为"软硬兼施"的变革方法论

从上面案例可以看出华为对变革的重视，这其中案例和故事发挥了非常重要的作用，为了更深刻地理解这一点，有必要先来简单介绍一下华为独特的变革方法论。

华为是一家非常重视变革的企业，曾在华为担任变革项目办公室主任的毛万金在他的书《华为变革法》中分享了一组数据，指出企业开展的管理变革中只有 8% 能够完全达到预期，不足 30% 算是基本成功，失败的原因多种多样，如图 4-1 所示。

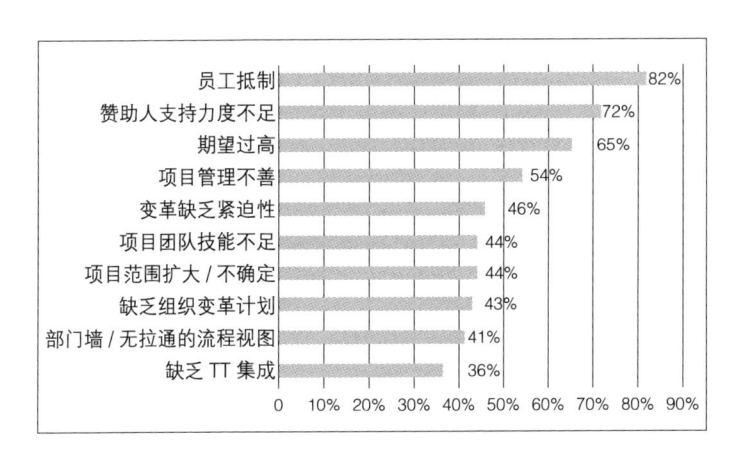

原因	百分比
员工抵制	82%
赞助人支持力度不足	72%
期望过高	65%
项目管理不善	54%
变革缺乏紧迫性	46%
项目团队技能不足	44%
项目范围扩大/不确定	44%
缺乏组织变革计划	43%
部门墙/无拉通的流程视图	41%
缺乏 IT 集成	36%

图 4-1 变革失败的原因示意图

他进一步提到，宏观来讲，可以把组织中与变革相关的人分成两类。一类是变革主导者，或者说推动变革的人。另一类是被动变革者，也叫被变革的对象，就是企业中需要承载、执行变革方案的个体或群体。为帮助读者从宏观上形象地理解变革推进的过程，他绘制了一个变革微笑曲线示意图。如图 4-2 所示。

从变革微笑曲线中我们可以看到，要使被变革者完成"关注变革—气愤—彷徨—怀疑—停止对抗—接受—信任—拥抱变革"这样一段困难的心态转变，变革主导者需要开展大量有效的工作。

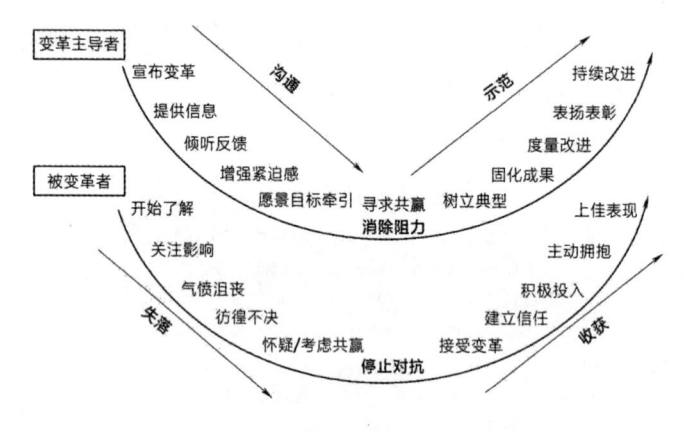

图 4-2 变革微笑曲线示意图

在哈佛商学院终身教授约翰·科特（John P.Kotter）总结的变革八步法基础上，华为提炼总结了华为变革九步法。

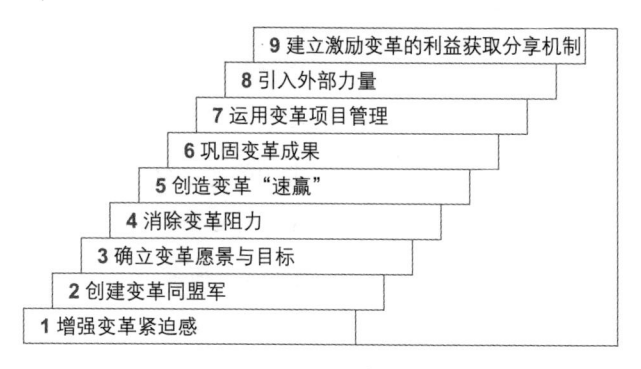

图 4-3 华为变革九步法

在这样的变革思想指引下，华为的创始人又是如何思考和推进变革的呢？过程也非常有特色，可以用云—雨—土—澡来概括（见

图 4-4），该图根据田涛老师《理念·制度·人》一书整理。

据经常接近任正非的华为特聘顾问田涛老师回忆，任总喜欢用"云概念"来表述他的思想："云变成雨大概还要半年以上的时间。"指的是某个观念形成后，进入执行阶段，需要一系列的由"灰度"到"白度"、由务虚到务实、由混沌到清晰的漂白过程、准备过程、细化过程，以及建规立章的过程。

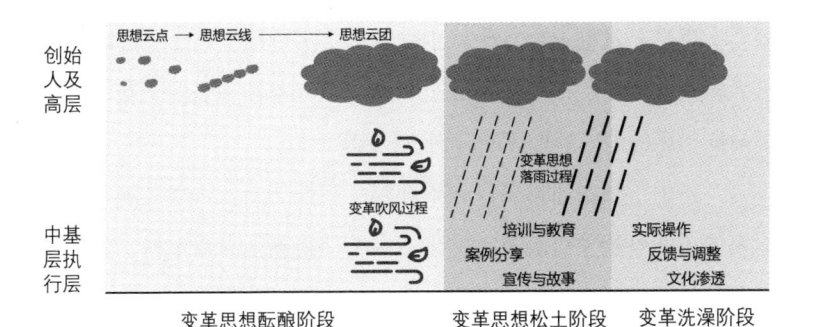

图 4-4 华为变革云—雨—土—澡模型示意图

但是，在思想的天空发酵"云"的阶段，却是最为寂寞的。经常会出现的情况是，某本书的某个观点、与某人交流时的一个火花、考察世界各地时的某个观感触动了任正非关于华为的某个看法，于是便在他的头脑中凝结出一个"思想云点"。然后，他就开始与公司内外部的不同人交流，翻阅相关的资讯，慢慢形成一条"思想云线"。随后他频繁地与不同人士在不同场合讲同一类话题，使想法越来越系统化，形成了"思想云团"。这之后，他开始在公司的高层会议上进行非正式传播，与团队一起商讨、辩论，在较长的时间内充分务虚，以达成共识。再之后，才正式以文章或讲话的方式发布。最终，像一枚石子扔进湖水，在石子入水的中心散开一圈一圈由里及外的波纹，直至影响每一位员工……

一般来说，任正非的"思想云"，从萌发到形成需要两年甚至更长的时间，而从"思想云"到"思想雨"，又需要半年以上的准备。

这是创始人和高层变革思想的酝酿和形成阶段，具体到一线的领会、理解、贯彻上，华为特别强调两个关键词：松土与洗澡，而进入松土阶段后，变革思想的云和雨已经开始和一线发生互动，只是前期和风细雨，后期逐渐转向疾风骤雨。

"松土"是指通过研讨和培训等一系列活动，将变革的意识、内容渗入中基层主管级员工，创造一个使得新生事物生根、发芽、开花、结果的环境。冻土长不出庄稼，铁板一块的组织也很难让变革的种子生根发芽。企业变革离不开一系列让相关人员从抵制到知晓、理解、接受直至主动推动其发展的松土活动。就以本章开篇的终端中国区塔山系列变革为例，松土包括了内网上华为破洞飞机的含义讨论，塔山战役的普及和精神挖掘，还有当前国内国际形势的分享等。

"洗澡"是指通过各种形式的讨论和交流，使员工从思想上理解和接受变革。这一过程不仅涉及培训，还包括在实际工作中的不断实践和反馈。任正非强调，通过这种持续的思想渗透和实际操作，员工能够更好地适应和推动变革。以前述塔山系列变革为例，洗澡则表现为塔山特训营的具体实施和开展，包括后续行动计划的跟进。

在条件允许的情况下，华为一般不会发起非常激进、急于求成的变革。相反，在酝酿和完善阶段一般都会耗费较长的时间，前前后后想得非常清楚。在落实层面，也强调反复浸润，润物细无声地滴灌，**看似推动时雷霆万钧、一往无前，实则在之前已经做了充分的铺垫和动员。**

案例在变革不同阶段扮演的不同角色

对应以上华为变革九步法，案例在变革的不同阶段可以扮演不同的角色，发挥着不同作用。

首先是前期**营造和增强变革的紧迫感。**

在变革过程中，营造和增强变革的紧迫感是推动变革顺利进行的关键步骤之一。华为在这方面有一些经典的实例，通过具体的案例和故事激发紧迫感，从而推动全体员工认同变革的重要性和迫切性。

比方说我们前面分享的塔山特训营，通过塔山精神和塔山特训营，让大家领悟到当时形势的危急和变革的紧迫性。再比如华为历史上著名的 2000 年"呆死料大会"，这是早年华为研发体系召开的一个"质量大会"。通过一个隆重的仪式，任正非把由于工作不认真、测试不严格、盲目创新造成的大量废料，以及研发、工程技术人员因此而奔赴现场"救火"的往返机票成箱成盒地包装成特殊的奖品，当场发给了相关产品的负责人，激发他们对质量不合格的强烈羞耻感。这相当于把组织内部发生的失败案例，用一种血淋淋的方式，通过一种戏剧化的放大效应，让大家产生共鸣并且立志改进。这为后来公司的质量流程体系变革,创造了良好的氛围和合适的契机。

其次是初期的**树立变革愿景与目标和消除变革阻力**。

在变革过程中,树立明确的愿景与目标是确保变革方向和成效的关键。通过具体的案例和故事,企业可以更好地传达变革的目标和愿景,从而激励员工朝着共同的方向努力。另外,在变革过程中,通过这些案例和故事,企业还可以有效地识别和化解变革中的各种阻力,从而推动变革的顺利进行。

这方面典型的案例是马电事件。2010年8月5日,一封来自马来西亚电信CEO的电子邮件发到了华为公司董事长孙亚芳女士的邮箱,客户向华为高层投诉了华为在项目交付、合同履行上的缺陷,以及华为内部回应迟缓、层层推诿等一系列乱象,这一事件让华为遭遇了巨大的经济损失和声誉危机。

这引发了华为深刻的反思。任正非认识到,以客户为中心是企业生存和发展的根本。马电事件成为华为强调客户服务的重要转折点,推动了公司内部一系列变革。华为引入了"铁三角"阵型,将销售、服务和研发紧密结合,以确保能够快速响应客户需求,提高服务质量和客户满意度。以往公司也在强调协同增效,但各部门因为深厚的部门墙和强大的本位主义,很难真正推动,这一客户侧的危机此刻反而成了力透纸背的关键推手。最终,这一事件不仅促进了华为的内部流程优化和质量提升,也为华为在全球市场上的成功奠定了基础。

最后是案例在**巩固变革成果**方面的价值。

在变革过程中,巩固变革成果是确保变革能够持续发挥作用的重要环节。通过具体的案例和故事，企业可以有效地展示变革的成功，并将这些经验固化为组织的制度和文化，从而进一步推动企业的持续发展。

这里的典型案例是在华为 IPD（集成产品开发）变革中 PDT（产品开发团队）团队的成功实践，PDT 是华为为了提高产品开发效率而设立的组织结构。通过 IPD 变革，PDT 团队在产品开发过程中取得了显著成效。华为在变革中，详细记录和分析 PDT 团队在产品开发过程中的成功经验，并将这些经验编写成内部培训材料，广泛传播给其他团队。这种方式不仅巩固了 PDT 团队的变革成果，还将成功经验在全公司范围内进行推广，提升了整个公司的产品开发效率。

各个阶段当中，最容易被忽视的就是增强大家对变革紧迫性的认同。我所服务的国内外大量企业都会有一种错觉，那就是"变革就是开一场大会，一把手一声令下，然后就顺利启动了"。然而正像马云所说的"这个世界绝大部分人是因为看见而相信，只有很少的人因为相信而看见"，绝大部分变革在第一步就卡住了，除了老板和少数高层外，广大中、基层认为现状良好，变革就是瞎折腾。他们压根儿不理解高层的苦心，也看不到高层的远见，所以导致后续变革中处于应付甚至阳奉阴违的状态。以下就这个阶段展开做一些探讨，其他阶段案例的作用，限于篇幅不再赘述。

要让员工"看见"，这恰恰是案例和故事可以大显身手的地方，通过案例和故事，可以更生动地传递变革的紧迫感。以下是一个详细的操作指南，帮助企业在这一步有效运用案例和故事。

1. 识别关键案例和故事

这里既可以选择内部案例，瞄准企业内部已经发生的危机或紧急情况并从中提取关键故事，例如华为的"市场部大辞职"（1996年，华为成立的第9年，发生了一件铭记在华为发展史上的重大事件——市场部大辞职。前一年公司队伍急剧扩张到数千人，管理混乱，山头林立，于是任总和时任市场部负责人孙亚芳商量发起市场部大辞职。华为市场部所有正职干部，从市场部总裁到各个区域办事处主任的市场干部都要提交两份报告，一份是述职报告，一份为辞职报告，采取竞聘方式进行答辩，公司根据其表现、发展潜力和企业发展需要，批准其中的一份报告。结果在这次竞聘答辩中有三成多的干部被淘汰，从此迅速激活了组织，并开启了华为干部能上能下的先河。也可以借鉴企业外部案例，尤其是那些在紧迫情况下成功转型的企业，如华为当年开启 IPD 变革，就是援引了郭士纳在 IBM 变革成功带领 IBM 重回巅峰的案例。选择内部案例主要目的是收集数据，从内部数据和历史记录中提取案例细节，并整理成文档，选择外部案例主要目的是进行行业调研，通过行业报告、新闻和学术文章，收集外部成功案例的资料。

这里要注意几类案例选择和使用的注意点。

组织内部的挫败和负面案例，主要适用于内部认知不足、需要反思改进的情况，主目的是让员工反思过去的失败，寻找改进方向。这里要注意两个点，其一是真实可信：确保案例的真实性和可信度，以便员工能够真实感受到问题的严重性；其二是避免过度负面：突出教训和反思，以免过度的负面情绪导致员工士气低落。

外部的榜样成功案例，主要适用于需要激励信心和启发员工对标学习的情况。第一是要选择跟公司行业或业务相关性强的案例，确保员工能够从中找到可借鉴的经验；第二是要具体可行，案例中应包含具体的变革措施和成功经验，便于员工理解和应用。

外部的挫折教训案例，主要适用于警示员工，反思问题，找到改进方向的情况。注意点一是选择那些教训深刻且对公司有警示作用的案例，确保员工能够从中吸取教训；二是避免恐慌，强调反思和改进，避免过度渲染失败，导致员工的恐慌和消极情绪。

2. 构建案例和故事情节

主要包含以下要点。

- 描述背景：详细描述变革的背景，包括面临的危机和挑战。
- 展现过程：清晰展示变革的过程，突出关键行动和决策点。
- 强调结果：展示变革带来的结果和成效，尤其是如何克服危机。

在操作上需要创建一个标准的故事模板，包含背景、过程和结果三个部分。另外建议加入图片、图表和视频等视觉化元素，使案例和故事更加生动。例如华为塔山特训营当中就有当时塔山激战对辽沈战役和全国解放的意义的视频片段，帮助学员具象地重温塔山的精神内涵，激发深度共鸣。

3. 内部沟通和传播

可以通过以下方式促进案例及故事的发酵和传播。

- 高层宣讲：通过高层领导的宣讲，传达变革紧迫感，分享案例和故事。
- 内部培训：在内部培训课程中，系统讲解变革的紧迫性，引用具体案例和故事。
- 内部刊物或论坛：通过公司内部的新闻简报、电子邮件和内网,广泛传播变革故事。

4. 互动研讨和反思

• 小组讨论:组织小组讨论会,围绕案例和故事进行互动讨论,让干部和员工分享他们的看法和感受。

• 案例演练:通过角色扮演和模拟演练,使员工更深刻地理解变革紧迫感。

• 反思总结:在讨论和演练后,鼓励员工分享及写下反思和总结,并进行二次传播。

这里案例研讨环节的设计是比较考验功力的,在前面列举的塔山训练营当中,所有的研讨、辩论,都是由时任华为终端中国区总裁亲自设计,培训学院负责打磨和具体实施的。以下是我基于经验整理的成功案例和遗憾案例研讨要点及常见研讨问题,供读者实践参考。

表4-2 变革研讨案例提问设计提示一览表

	成功案例	遗憾案例
应用提示	成功案例旨在通过细节和情感共鸣来激发正面反应,并邀请参与者从中概括案例成功的条件和复制推广注意点。	通过反思和问题分析来警示和寻找改进方向,让大家对案例进行深度剖析,通过剖析自己认识到变革的必然性和紧迫性。

（续表）

	成功案例	遗憾案例
具体引导问题示例	●这个案例当中有哪些让你印象深刻的细节和片段？ ●案例哪些部分让你动容？ ●事件或案例发生的背景是什么？ ●案例对华为带来了哪些影响和变化？ ●如果没有这一事件，会产生哪些影响？这次调整和变革的成功经验和条件有哪些？ ●对我们当前的变革有哪些启示？ ●推广和借鉴时，提醒我们要注意什么？	●这个案例当中有哪些让你印象深刻的细节和片段？ ●案例哪些部分让你动容？ ●事件或案例发生的背景是什么？ ●这一案例在某些方面反映的问题是什么？ ●如果问题持续，将对华为带来哪些影响和变化？ ●这样的问题之所以一再发生和出现，说明组织里有哪些根深蒂固的观念一直在潜移默化地发挥作用？ ●如何扫除和破解这些观念和误区？ ●你觉得变革如果贯彻成功，最核心的要素是什么？ ●你觉得变革如果未能取得成功，最有可能是因为什么？

一架飞机模型助推了华为终端业务起飞

从上面的介绍可以看出，华为在变革当中引入案例或者故事这样的一些场景化、情景化的素材，目的是打开员工的心扉，让员工用相对具象和感性的思维去拥抱变革，而不是用一种刚硬、抽象的概念去理解和对待变革，否则容易触发员工的防御和抵触心理。

为了达到这个目的，华为可以说是煞费苦心，它在另外一方面的举措，我觉得也非常有特色，很值得其他企业借鉴和学习，那就是引入精神图腾的力量。不知你有没有留意到，华为进行培训和变革，也喊口号，搞宣誓，拉条幅，非常热血澎湃。形式上看似与国内很多企业并无不同，但华为真的能够把宣导的一些价值观和核心理念植入员工内心。它是怎么做到的呢？我觉得一个之前很少被提到的点是华为善于创造精神图腾，并通过深入人心的故事赋予这些图腾深刻的意义。

比方说我们在前面看到，在2019年面临美国制裁的最紧要关头，华为就找到了塔山阻击战这样一个经典战例，把塔山这个荣耀的符号赋予CBG的中国区。这就使得在整个变革的过程当中，员工能够深刻地理解当时所处的这样一个非常危急，又无比光荣的时刻。因为辽沈战役大决战和塔山的典故在华为内部是深入人心的，再加上一段时间铺天盖地的宣传，即使一个普通员工没有办法用准确的语言描述当前变革的意图，但是当他想到塔山，他就会豁然开朗，会感到一种信念的鼓舞和支撑。

2012年，余承东临危受命接掌华为当时新成立的终端业务CBG，实际上第一年业务做得并不好，没有完成公司董事会下达的业务目标。年底时包括余承东在内的所有核心高管自愿放弃年终奖，并且实际上受到了公司的批评，但是任总却别出心裁地给余承东发了一个奖，这个奖在华为的历史上也是独一无二的，那就是"从零起飞奖"，而奖品是一架歼-15从航母上起飞的飞机模型。这里面的寓意再明显不过了，意思就是说**华为的终端业务现状虽然并不让人满意，但是就像中国从零开始建设自己的航母和舰载机一样，华为终端业务的道路虽然是曲折的，但前途一定是光明的**，代表公司对终端业务寄予厚望。所以当余承东领到这样一个奖的时候,他第一时间在微博上分享了这张图,也感受到了任总还有董事会对终端业务和他个人殷切的期望,由此受到了巨大的鼓舞。

他在微博上分享图片之后,也在网上引发了巨大的反响。这也是一个精神图腾的案例,有些东西无法通过语言去描述,或者说即使描述出来也没有那么大的穿透力和传播力。但是借助一个象征物来表达就不同了,这个象征物承载了一种精神,变成了一个符号和精神的图腾,它能够瞬间穿透人坚硬的内心,在群体中引发强烈共鸣,这也就是我说的在变革当中精神图腾的力量,**"心中有个图腾,就不惧山高水长"**。

这背后其实代表了华为对人性和社会文化的深刻理解。人是一种社会性的动物,从这个物种诞生开始,人类就活在这种想象的共同体当中,正是从对一些超自然力量的顶礼膜拜中,凝聚了人心,激发了彼此之间的共识和协作,甚至以此为基础诞生了"国家"这种形态。这就是为什么我们作为中华儿女,无论走到世界上任何一个角落,只要看到那面五星红旗冉冉升起,内心都会油然而生一种民族自豪感。再比方说一些党员干部,他们看到镰刀斧头的党旗,看到长征、延安、西柏坡等关键词和相关图片,也会即刻在头脑中产生认同感,这些东西早已超越了它本来的含义,成了一种精神符号。

回到我们前面所说的约翰·科特的变革八步法,精神图腾的力量其实也是完全能够印证和吻合的。变革八步法强调在变革过程中需要建立紧迫感、形成强有力的变革联盟、制定愿景和战略、消除障碍、创造短期胜利等步骤,精神图腾作为一种变革工具,可以在变革的各个阶段中发挥激励和引导作用,帮助员工理解和接受变革。

中国其他优秀的民营企业其实也深谙此道，在这方面多有实践。我们熟知的 TCL 的那只雄鹰，与之相连的"鹰的蜕变"的故事，李东生一直在各种场合反复不断地提及，TCL 的司歌，还有很多 TCL 的正式场合都会有这样一个符号出现。联想收购 IBM 的 PC 业务后，也提出要打造技术的"海盗船"，推崇海盗精神。

精神图腾和案例的内在关联在变革过程当中主要可以发挥以下几个方面的作用。

第一，激发情感共鸣。精神图腾通过形象化的物品或者象征物以及深刻的寓意，能够迅速增强员工的情感动力，而成功和遗憾案例通过具体的故事和细节引发员工的反思和学习。

第二，榜样的力量。精神图腾和案例中的英雄人物及成功事迹能够为员工树立榜样。他们向榜样学习推进变革落地的动力。

第三，企业的文化传承。精神图腾和案例都是企业文化的重要组成部分，通过不断的传承传播，能够加深员工对企业文化的认同感、归属感，一虚一实，两者形成一个牢不可破的联系。

第四，目标激励。精神图腾和案例可以通过树立一个明确的、具象化的奋斗目标，引导员工为实现变革目标而努力。

即使是中小型企业乃至创业企业，也可以借鉴和参考精神图腾，不要因为华为是一家巨型企业，就认为自己的企业做不到或者不需要。我们知道华为在发展初期其实就已经开始给自己找精神图腾了。从 1999 年市场部大辞职时华为就提出了"烧不死的鸟是凤凰"，用凤凰作为干部"能上能下，能够接受组织考验"的象征物，这样的精神图腾一直延续到了今天。

具体而言，可以通过以下几步来提炼和运营自己企业的精神图腾。

表 4-3　提炼指引变革精神图腾的操作要点

步骤	动作步骤与操作要点
1. 理解企业文化和核心价值观	**分析企业文化**：深入了解企业的文化和核心价值观，确保精神图腾与这些价值观一致。精神图腾应该反映企业的使命、愿景和长期目标。 **确定核心价值观**：明确企业的核心价值观，如创新、诚信、团队合作、客户导向等，这些价值观将为精神图腾的塑造提供指导。
2. 识别企业的关键故事和历史	**梳理企业历史**：回顾企业的发展历程，找出其中具有象征意义的事件和人物，这些故事可以作为精神图腾的基础。 **提炼关键故事**：选择那些能够激发员工情感共鸣和认同感的故事，例如克服困难、取得重大突破、团队合作的实例。
3. 选择合适的象征物	**选择象征物**：根据企业的核心价值观和关键故事，选择能够代表这些价值和故事的象征物。可以选择动物、历史人物、建筑、工具等。 **确保象征物的相关性**：选择的象征物应与企业的行业特点和文化背景相关联，确保员工能够理解和认同。
4. 赋予象征物深刻的寓意	**讲述象征物的故事**：通过企业内部宣传、培训和沟通，向员工讲述象征物背后的故事和寓意，确保每个员工都能理解其深刻的意义。 **结合具体实例**：将象征物与企业的具体实例结合起来，通过实际案例展示象征物如何反映企业的核心价值观和精神。

111

(续表)

步骤	动作步骤与操作要点
5.持续推广和强化	**持续宣传**：通过企业内部的各种渠道（如内部通讯、培训、会议等），持续宣传和推广精神图腾，使其深入人心。 **定期活动**：组织与精神图腾相关的活动和庆典，增强员工的参与感和认同感。例如，可以举办年度颁奖典礼，表彰那些体现精神图腾价值的员工。
6.评估和调整	**评估效果**：定期评估精神图腾的效果，收集员工的反馈意见，了解其对员工的激励作用和文化传承的效果。 **必要时调整**：根据评估结果，必要时对精神图腾进行调整，确保其始终与企业的文化和价值观保持一致。

在引入精神图腾，助推变革和文化传承的过程当中，有以下几点需要注意。**一是内生为主，外取为辅**。首先还是要从企业自身的成长经历着手，从典型成功事件或者挫败教训中提炼，图腾必须源自企业的核心价值观。在这个基础之上，再结合外部广为人知的典故、神话、动物、社会文化事件，找到一些依托点。这个逻辑一定不能反过来，如果不是对自己核心精神和文化价值观的概括，只是从外面找一个时髦的概念搬过来，很难在内部真正获得员工的认同感。

二是要充分结合自己企业员工的诉求和特点。如果员工平均年龄比较比较小，企业的核心高管和创始人跟员工年龄有差距，那么就要充分注意这个问题。比方说华为选的这些精神图腾，像塔山、伊尔破洞飞机、凤凰涅槃，很多都是比较红色的，具有革命气质的象征物，很明显是成长于那个时代的核心管理者所选择的，内核的精神是普适的，又经过精心的提炼和阐释，才在年轻员工群体中赢得了认同。如果你的企业员工年龄层比较年轻，就一定要注意精神图腾象征物的普适性问题，这个没有高下好坏之分，但容易有水土不服的问题出现。

三是要长期的坚持。不能把精神图腾当作一个时髦的概念，宣传一段时间之后发现反响不大，就中途放弃或者又改换其他的精神图腾。今天整一个，明天整一个，员工很快会厌烦。华为选了这些精神图腾之后，是长期倡导和宣贯的，"烧不死的鸟是凤凰"自1999年提出，距今已经20多年，"苦难辉煌的芭蕾脚"推出也10年了。常刷常新，才有绵延不绝的生命力，才能逐渐击穿一切坚硬的防御和铠甲。就像电影《云图》当中那句经典台词"**时间是个奇怪的东西，它改变了所有的东西，但它也让所有的东西保持不变**"。

第五章

锻造人才：案例成就实战练兵

没有高强度的实战预演,还敢叫试用期?

很多企业的新员工培训都面临一个非常现实的问题,那就是前面几个月试用期是"蜜月期",各种激情燃烧的洗脑、团建和社会实践,你好我好大家好。等新员工过了试用期真正上岗要承担业务责任了,用人部门这才叫苦连连,不少用人部门经理忍不住抱怨"这人咋招的,根本不能用啊,还得重新回炉锻造"。

那华为是如何克服和避免这样的问题的呢?你可能想不到,案例演练和赋能在这其中就扮演了重要角色。

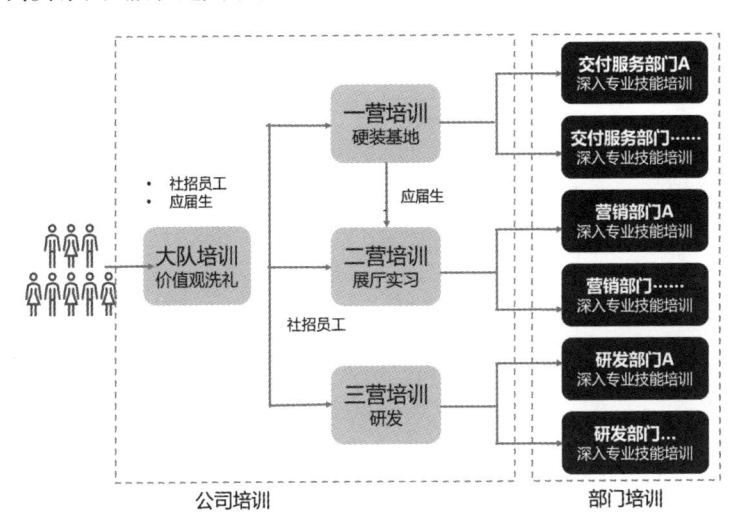

图 5-1 华为公司新人培训流程示意图

华为的新员工锻造培训（以下以运营商业务为例）整体的过程分成以下环节。所有的人进入华为之后，都要经过一个为期一周的大队培训，称为价值观的洗礼，主要就是"洗脑"，把大家刷成一种颜色——华为红。这一周完了之后，根据工作职能的不同，会把新员工分到一营、二营或者三营去。一营、二营、三营可以理解成公司统一安排的理论和实操培训，只不过因职能差别而不同。交付和营销的一营在交付基地模拟安装天线，二营是在展厅接待客户、安排客户参访，三营面向研发。如果你是产品经理（华为铁三角之一，负责解决销售方案），就需要经过一营和二营的实训锤炼，这个过程大概2个月，很有华为训战合一的特色，员工借助模拟或真实的工作任务来加速成长。华为新员工试用期是6个月，到这里为止，试用期还有3个月左右的时间，新员工将会回到任职部门进行在岗的学习和工作，接下来就是案例赋能大显身手的时候了。

经过公司安排的整体培训后，新任产品经理对交付、产品、客户接待已经有了基本的认识，他们还欠缺什么呢？这个问题只能以终为始才能看得更清楚，也就是先要深入分析他们试用期通过后主要承担什么工作任务，以及在哪些工作任务上容易陷入瓶颈或卡壳。显然，试用期剩余时间的训练必须对准这些会造成瓶颈或卡壳的工作任务。

经过深入分析，华为发现，刚刚入职的产品经理，主要协助一线业务同事和专家去做的事情包括：做配置报价单、做技术建议书、做技术交流方案并面向中低层级客户去宣讲。如果他的工作地在海外，这样一个宣讲还需要用英文或其他外语完成。完成这样一番梳理，新员工的训练重点就很清楚了。毫无疑问，重点就是让他们在剩余时间里尽快熟悉这些工作任务，通过考验。

这样，等到他们回到自己部门，地区部和代表处会从过往几年的真实项目当中挑出比较典型的案例，把这些项目案例里面的文档提取出来，将它们改造成对产品经理的训练项目，让新员工担任其中的产品经理。新员工需要做配置报价单、技术建议书，针对项目中的真实业务场景，面向一些中基层的客户做技术交流、方案宣讲。在技术交流和宣讲环节得不到听众的真实反馈怎么办呢？没关系，就找当年参与过这些项目的领导、专家作为模拟客户，同时也作为评委，站在当时项目的真实视角给出反馈和打分。不光针对宣讲，评委们也会针对配置报价单、技术建议书给出反馈：基于当时项目的情况，哪里做得好，哪里需要改进，统统让新员工知晓，并带入下一个项目模拟当中。

这样，在接下来的这 2~3 个月中，试用期内的产品经理们基本两周一个项目案例模拟，总共要密集地上手模拟 4~5 个这样的项目。经过这样一个高强度仿真演练，基本上，他们对真正进入工作之后将要面对的挑战和应对之法就了然于胸了。等通过试用期之后，对业务部门来讲，这个人基本上可以做到拿来就用。这是因为基于真实案例的模拟实战已经让新员工提前感知了硝烟和炮火，而不是像很多其他企业那样，等到真正输送到前线要去打仗了，才发现这兵不好用，这也不会做，那也干不了。华为的思路是，既然这样，那为什么不把这些东西前置，让他提前去感受和历练呢？这样不是对双方都有好处吗？显然，如果把这些新员工比作新兵，基于真实项目的案例模拟演练在其中就发挥了实战预演的作用。

案例演练就是 2B/2G 业务的实战练兵场

不同企业的业务基本可以分成 2C 和 2B/2G 两大形态，两类业务形态的实战训练思路也是不一样的，我们先来看 2C 训战。2C 业务特点是什么？首先是销售的链条比较短，通常在十几分钟就能搞定一个顾客，常见的例子包括卖饮料、化妆品、家电产品，还有手机、相机，等等，这个销售过程对我们大部分人而言很容易理解；其次，它通常是个体决策，也就是一个人就能定下来买还是不买；最后，订单的成交金额通常比较低，而且成交场景是比较开放可见的，一般在商超门店、百货商场、服务展厅里面，大家都可以自由进入，做比较直接的观察。所以这时我们做 2C 营销训战，它的基本思路就是三块：通过知识萃取提炼有针对性的内容和干货来为我们的员工进行赋能，然后直接把员工推上阵地（门店、商场、展厅、客户家里或铺面等）开展实战，实战完之后进行总结复盘和得失检讨。接下来就可以去到下一个循环，通过不断总结提升，就会做得越来越好。

而 2B/2G 的业务做训战就不一样了，因为这类业务的特点是它的销售链条长、需要集体开会决策，业务人员是看不到客户集体决策的过程的。而且订单的金额一般也比较高，几十万元起步，这里面还牵涉到客户不同部门之间的博弈，场景敏感封闭，不对业务人员开放。所以在这种情况下，我们做实战训练的思路跟前面 2C 训战就会有较大差别。面向真实客户做全真实战难度很大，更主要的方式就是借助案例做模拟演练。

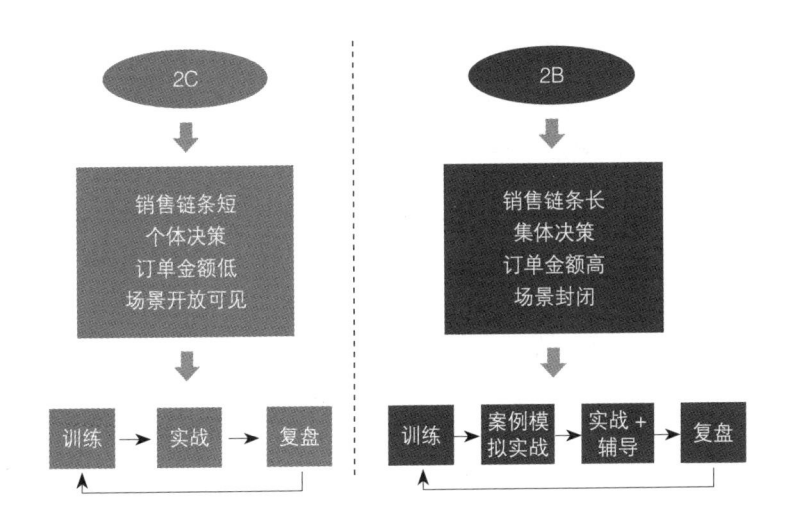

```
        2C                              2B
         ↓                               ↓
   ┌──────────┐                   ┌──────────┐
   │ 销售链条短 │                   │ 销售链条长 │
   │ 个体决策  │                   │ 集体决策  │
   │ 订单金额低 │                   │ 订单金额高 │
   │ 场景开放可见│                   │ 场景封闭  │
   └──────────┘                   └──────────┘
         ↓                               ↓
 ┌────┐ ┌────┐ ┌────┐      ┌────┐ ┌──────┐ ┌──────┐ ┌────┐
 │训练│→│实战│→│复盘│      │训练│→│案例模│→│实战+ │→│复盘│
 └────┘ └────┘ └────┘      └────┘ │拟实战│ │辅导  │ └────┘
    ↑_____│            ↑____└──────┘ └──────┘____│
```

图 5-2　2B 与 2C 营销训战的不同思路

这里我们可以来看两个案例，首先是业内大名鼎鼎的华为"青训班"。华为"青训班"，全名为"青年管理干部特训班"，主要面向华为 17 级左右后备干部，即未来要成为一线干部的后备人才，为华为未来以项目为中心的职业化管理奠定基础。这个项目也向学员收费，但每人只收 2000 元。绝大多数市场前端的后备干部都要参加"青训班"。后来该培训班的开展也逐渐拓展到其他领域，如研发 IPD（集成产品开发）领域。该项目是在 2013 年年底正式交付推出的，它模拟了一个端到端项目管理和经营的全流程（见图 5-3 所示）。为什么华为要用"项目管理"作为主线去培养后备干部呢？因为华为内部主要以项目管理为抓手，如果一个人管一个小项目成功了，那么他就能够管理一个大项目，未来也就有潜力管理一块业务。

在具体开展方式上,所有的学员会先学网课。网课内容主要是项目管理的基础理论知识和经营知识。学员在华为学习平台上自学完成后参加考试,考试通过后参加一个 5 天的集中模拟训练,这是一个以 LTC[1] 全流程为核心的模拟训练。5 天的时间几乎都用来进行案例角色演练,案例完全来自近两年内公司的真实项目,华为大学对其进行了知识萃取和教学改造。整个演练围绕项目管理、财务经营、人力资源管理三条业务主线,提炼了 14 个关键业务节点,例如,如何进行业务线索识别,如何识别和评估合同风险,如何进行合同谈判,学员会就这些主题展开激烈的研讨和演练,过程中会有教练点评和精华知识点的讲解。

青训班:训战结合,从项目管理与经营中选拔发展后备干部

业务价值	改善项目经营土壤,选拔发展后备干部,支撑公司向以项目为中心转型			
项目阶段	网课认证 →	集中沙盘演练5天 →	项目实践2~3个月 →	答辩认证
内容	将项目管理的基础理论知识和经营知识上传至平台,由学员自学,然后考试	沙盘模拟一个项目端到端的流程,学员围绕一个完整的大案例进行角色演练,教练进行点评以及精华知识点的讲解。集训更多是项目管理实操,以及大家的角色扮演和演练	学员被安排到一线的项目中实践,并且在这个项目中承担一个关键的岗位职责。由华大、委托方跟一线部门协商学员在项目中到底承担什么角色,担任的角色是经过评审之后确定下来的	实践之后学员到华大进行答辩,如果不合格就不能晋级;如果通过答辩认证,就会进入公司的后备干部资源池,未来有一线管理干部的选拔时,就会从这些人中挑选
IT 平台	IT 支撑平台:公司政策、学习资源、训战过程管理、优秀实践案例等			

图 5-3 华为青训班运作流程

华为大学主导了这个项目的整个建设过程,负责建立整体的项

---

[1] LTC,lead to cash,从线索到回款,华为内部的营销业务流程,描述从拿到业务线索,到完成签单,回收货款的全过程。

目架构与概要设计,并集合了几十位华为业务专家,项目从无到有花了近3个月的时间。"青训班"项目对整个公司还有另一个贡献,那就是依靠这个项目当中的案例仿真演练设计,一些原先梗阻不畅的业务流程居然对接打通了。因为开发团队为了学员受训时能够有完整流畅的体验,不得不一遍又一遍地回顾和试跑这些流程,这样就识别和发现了一些原来就一直存在,但表现不明显、常常被忽视的流程断点,这是将几十个业务专家集中在一起开发所带来的意外收获。

从这个案例我们就可以看出,一个华为的真实项目往往周期长达数年,金额达到上亿美元,涉及众多复杂环节,如果不是依赖于真实项目案例模拟,就难以开展有效的实战训练。而传统的上课模式则往往隔靴搔痒,无法让学员领略真实项目当中的挑战及困难,更无法对项目全流程形成直观认识和理解。

我们再来看一家企业总经理借助案例模拟演练的实例。这是一家知名的国内电气企业,他们成功出海,在海外已经运营了多年,老板很关注后备海外总经理的储备和培养,为此,人力资源部希望升级这一岗位的培养项目。之前他们主要是引入外部课程,让被培养对象上课,后来也尝试过设立行动学习课题的方式,但业务部门反馈始终感觉差强人意。

我给他们的实战化训练思路是这样的。首先,我协助他们一起梳理海外分公司总经理的关键任务场景,瞄准在海外派驻国经营拓展过程中最典型和棘手的任务场景。很快他们找到了四个:在待进入国家做市场调研并出具拓展市场商业计划书、大客户开发及投标、生产计划预测及公司内部资源协调、遭遇海外顾客投诉并开展品牌危机公关。

  以第一个为例进行拆解，这就意味着要做市场调研、获取一手信息，并且结合外部咨询顾问机构给予的信息，进行综合判断分析，评估是否要在某个国家开设一个分支机构，以及如果要进入该国，以什么样的方式。譬如是通过代理先期设点，还是直接自己开设分公司，或是跟当地的强势渠道先建立一些合作站稳脚跟。无论结论是什么，都要围绕自己的判断分析和评估结论，出具一份进行市场拓展的商业计划书，说服公司并阐明理由。商业计划书模版是公司出具的，这就是海外分公司总经理需要负责的一个典型的真实工作任务。

  接下来是选择以哪个真实项目作为实训母本。我同他们一起商议，挑选了巴西市场的拓展案例，因为在巴西的拓展过程非常艰辛曲折且很有代表性。最后，我们又补充了其他一些海外市场，例如沙特和意大利，这样，就把公司真实发生的国家拓展案例改造成了他们模拟训练的载体。

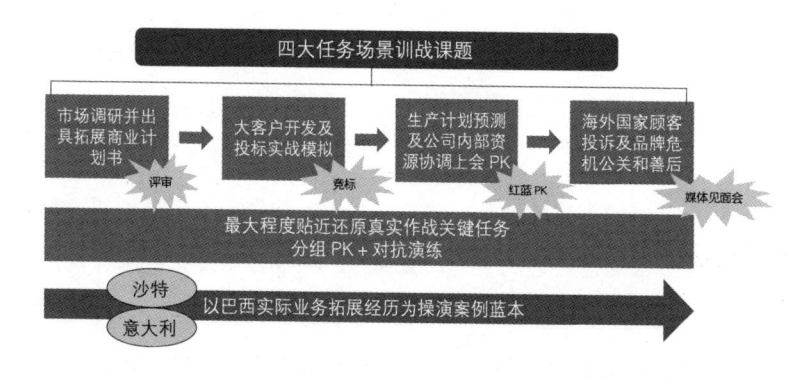

图 5-4 某企业后备海外国家总经理任务场景训战方案骨架

经过这样的设计与转化，训练的过程既不再是灌输一堆放之四海而皆准的理论，也不是针对一个似是而非的课题搞头脑风暴和研讨，而是就以他们公司在跨国拓展经营过程中真实发生过的典型案例作为操演的蓝本，把这些真实的挑战摆在大家的面前，然后大家一个环节、一个环节地去思考、分析，把必要的部分生成输出文档（例如商业拓展计划书）。在实训过程中，先是学员设身处地地剖析，如果是我遇到这样的问题，会怎么去处理。然后培训师和引导员会提供案例中团队当时的做法供学员参考，这样就使得学员对成为海外分公司总经理初期将会遇到的典型考验和挑战有了深刻的理解和认识。

从两个案例中都可以看出，在 2B/2G 业务的训战集训环节，如果不借助案例演练和模拟，不对准关键任务场景和挑战环节，企业想要实现实战实用的训练，是难以完成的任务。

专业技能训练要聚焦和下探作战场景

表 5-1　某流通企业总监级以上干部培训课表

类别	课程	讲师类别	授课形式	时长（课时）	备注
基础管理	如何成长为一名合格的总经理	内部	课堂讲授	2	
基础管理	LT 新三年战略规划	内部	课堂讲授	1	

（续表）

类别	课程	讲师类别	授课形式	时长（课时）	备注
基础管理	LT新版企业文化核心理念	内部	课堂讲授	2	
基础管理	疫情后国家医药政策分析	内部	课堂讲授	2	线上
基础管理	人力资源管理	内部	课堂讲授+专题研讨	4	
基础管理	运营管理	内部	课堂讲授+专题研讨	4	
基础管理	财务（资金）管理	内部	课堂讲授+专题研讨	4	
业务技能	采购管理	内部	课堂讲授+专题研讨	4	
业务技能	医院业务管理	内部	课堂讲授+专题研讨	4	
业务技能	分销管理	内部	课堂讲授+专题研讨	4	
业务技能	终端业务管理	内部	课堂讲授+专题研讨	4	
业务技能	总代业务管理	内部	课堂讲授+专题研讨	4	

以上是一张某流通企业总监级以上干部的课程表，存在哪些问题？不够聚焦。可以说应有尽有，但是每一门课的话题都很大，时间又都非常有限。很难想象，一节财务（资金）管理课、人力资源管理课只有区区4个课时，这种课就很容易上成一种下毛毛雨的普及式讲座，难以起到深入学习和了解的作用。作为对照，以下是我在宝洁工作时的财务培训课程，我当时还是营销部门的区域经理，并不是专业的财务人员，宝洁给我们的课程有什么特点呢？

1. 时间长，花了足足两天时间来教一个课题。

2. 话题聚焦，只教财务。

3. 有很多工作坊研讨（Workshop）都是基于案例作演练，而中间这张截图就是训前提前发给我们的培训参考材料，里面大部分都是辅助演练的案例和数据等。

议程一2006年6月8日		
8:30—9:00	开幕	切斯特·特威格
9:00—10:00	基本财务/会计概念	张××
10:10—11:10	财务报表	萧××
11:00—12:00	模拟演练1	演练辅导员
12:00—13:00	午餐	
13:00—14:30	财务分析	张××
14:40—16:10	模拟演练2	演练辅导员
16:20—17:40	模拟演练3	演练辅导员

议程一2006年6月9日		
8:30—8:40	第一天回顾	张××
8:40—9:10	联合业务计划开发	萧××
9:20—10:10	模拟演练4	演练辅导员
10:20—11:40	资金管理	郑××
11:40—13:00	午餐	
13:00—14:30	税务	刘××
14:40—15:00	闭幕	梁××

1_财务基本概念	2006/8/21 15:06
1_模拟演练1，财务记分卡	2005/4/5 14:50
1_模拟演练_背景	2005/4/5 15:54
1_模拟演练_说明	2005/4/5 15:54
2_模拟演练2，财务分析	2005/4/5 14:55
2_财务报表	2006/8/7 16:02
2_模拟演练1_背景	2005/4/5 15:55
2_模拟演练1_说明	2005/4/6 12:00
3_模拟演练3，项目分析	2005/4/5 14:58
3_财务分析	2006/8/7 16:01
3_模拟演练2_背景	2005/4/6 11:51
3_模拟演练2_说明	2005/4/5 16:11
4_联合业务计划	2006/8/7 16:01
5_资金管理	2006/8/7 15:59
6_通过案例进行财务管理	2006/8/7 15:58
基本客户财务	2006/8/7 16:03
财务知识	2006/8/7 16:02
模拟演练4，行动计划A	2006/8/7 16:01
模拟演练4，业务回顾核查清单	2006/8/7 16:00
一案说法	2005/4/20 11:02

图 5-5 宝洁区域销售经理一次典型的财务培训

之所以能实现特点③这么深入的学习和演练，本质就是因为有了特点①的时间保障和特点②的话题聚焦。

然而，很多企业做专业技能训练的思路都跟上面那家流通企业一样，偏好大而全，一次赋能就希望学员全部精通、脱胎换骨，这显然是不现实的。

在我的训战结合的业务赋能项目设计课上，我都会让学员分组拿自己的项目作演练。

有一次，我给一家知名化工原料企业上课，其中一个小组梳理的课题是关于大客户营销训战，要改善的指标涉及前期的客户筛选质量，中间的成交率，后期的回款，感觉哪哪都有问题。我发现他们定的课题太大了，于是就去点了他们一下，哪知他们并不觉得自己课题太大。我于是现场辅导他们对自己企业的营销流程做了一个梳理（如图5-6所示），梳理到一半，他们就发现之前定的课题的确太大了，仅打开一级任务流程当中的一个环节就有这么多内容，这是之前他们始料未及的。接着，我让他们回顾业务推进过程中的梗阻点和卡点，逐渐地，他们把自己的训练重点由之前的全流程收缩和聚焦到只针对产品试样这一环节，因为这被他们认为是当前最突出的薄弱环节。由此他们的思路豁然开朗："庞老师，我们之前的培训的确太贪心了，面面俱到，但都是走马观花。"

在我的训战课上，我发现这样的情况相当常见，不少公司一方面抱怨自己的培训不落地、不解决问题，一方面周而复始地惯性采购和提供这些浮于表面、贪多求全的课程，什么都想要，什么都不肯舍弃。但只要稍微分解一下就会发现，通常情况下，学员并不是啥都不会，什么都要教才能干活。更重要的是，学习时间有限，如果不聚焦在大家薄弱的瓶颈环节，就会出现资源错配的情况。

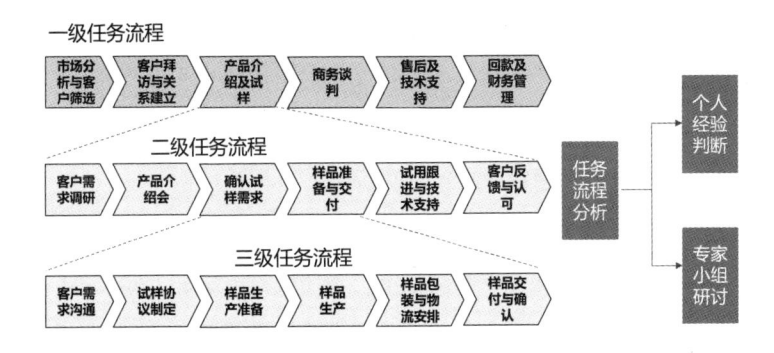

图 5-6 某化工企业大客户营销流程拆解

就在 2024 年年初，一家国内知名农牧机械企业的伙伴找到我，因为这家企业正在做 LTC 流程变革，他们的董事长因此接触到训战，指定要这家企业的内部学院开发基于案例的训战课程。可是学

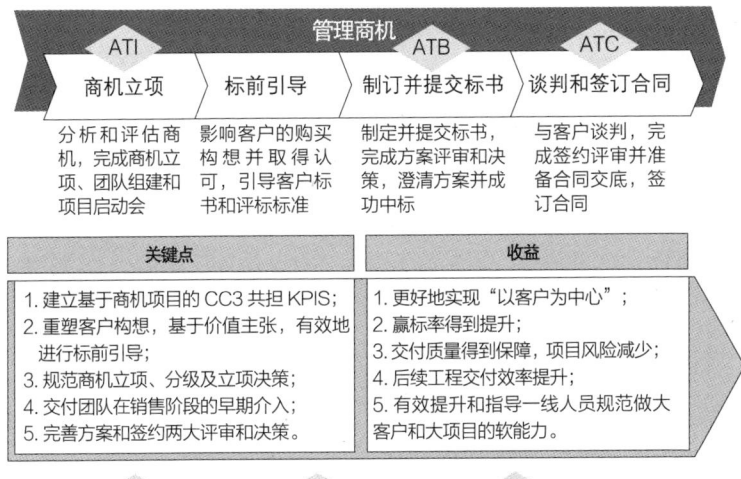

图 5-7 某企业营销流程商机管理环节示意

院的伙伴把他们的业务流程（如图5-7所示）拿出来盘了又盘，始终一筹莫展，因为他们的业务属于典型的大订单长周期销售，一个项目合同动辄上千万元甚至过亿元，这里面流程和环节实在太多了，感觉一个案例根本承载不了。而且他们原来梳理的复盘案例看上去面面俱到，但略微深究一下就感觉缺少干货。

后来我了解到董事长发起这次训战的初衷有二，一是把近几年海外标杆项目的经验萃取收割一下，利用训战演练的方式去推广复制这些经验；二是摸索和积累自己开发营销训战项目的经验，去为业务赋能。基于这样的出发点，我带他们重新梳理了案例的脉络，其中不同国家项目的案例，聚焦在不同的环节，围绕这些环节来钻深打透而不做过度的前后延展，以免失焦。以中东某国筒仓项目案例为例，这个案例就聚焦在前期的痛点分析和解决方案制订环节。经过跟4位项目业务专家的访谈和萃取，我们梳理了表5-2作为起点，然后再开发完善相应的案例材料。从这里开始，大家扫清了前期的迷雾，做得越来越顺了。后来这个案例演练也顺利交付，并在组织内获得好评。该业务项目的经验快速传递到其他类似项目组，项目前期商机转化时间缩短了50%，痛点挖掘和方案引导也更有章法了。

所以，针对营销、研发、生产等专业技能训练，如果要提高成效，一定要聚焦新（新颖）、关（关键）、痛（痛点）等业务场景和任务瓶颈环节，摒弃保姆式伴随成长、全流程、全覆盖的思路，仔细分析到底哪些任务场景不熟练、不学会死，围绕这些任务场景来设计案例演练。不这样做，案例就很容易落入假大空或者流水账的陷阱，使得训练效益稀释甚至徒有形式。

表 5-2　梳理任务场景与挑战

任务场景	挑战	打法工具
针对业主、咨询公司复杂多层次项目初步需求的澄清及挖掘	·对内：组织内部存在标准化倾向和惯性，需要联动多个部门深入参与和配合，针对常规企业客户三张图可以搞定，这类项目前期资料厚度像几本书 ·对外：跟不懂行客户交流，又是在客户关系淡薄，了解信息有限的情况下，如何通过多次交流抓取对方的深层核心需求	·需求分析立项阶段内部多部门诉求联动协调表 ·海外政府项目前期客户交流动作要点点检表
寻找合适中间人并达成合作	·跳出本项目，从哪里快速获取合适的中间人并有效接触？ ·在本项目中，首先要尽量契合标书，对方内心当中有对欧洲标准的倾向和偏好，如何说服影响对方增强对我们的认可 ·如何回应客户对技术层面（结构）的关注和疑虑？	·海外政府项目常见中间人渠道信息一览表及 AI 辅助搜寻指南 ·国内院校及科研机构专家库
决策链摸排及关键人痛点分析	略	略
基于客户标准的技术方案交流与影响	略	略
中国参访考察的设计与安排落实	略	略

领导力训练重在通过案例还原决策点

除专业技能训练提升外，很多企业在人才培养时关注的另一个重要主题是领导力的训练。领导力能够通过实战化训练得到提升吗？当然可以。因为首先，领导力管理技能也是应用技能，也是在不断实践和应用中熟练的，其次它也有自己非常明确的任务场景，比方说怎么给员工做绩效辅导，怎么给团队做心理建设，如何跨部门沟通和协同影响，等等。这些都是非常明确的任务场景，跟我们训练营销、研发人员本质上并没有差别。不过，我发现用行业内过往惯常的方式去训练提升领导力，往往收效甚微。

一次，在我的《华为干部管理之道》课上，一家企业听了我介绍的训战结合的案例操演理念，深表认同。谈到他们有一个给大区总经理的人力资源管理课需求，不过他们对外部机构提报的非人（非专业人力资源管理者的人力资源管理课）课不认可，因为此前也上过类似的课，但感觉效果很一般，所以希望我重新设计开发他们的课。于是，我找他们要来了之前的课纲（如图 5-8 节选）。

这种课纲市面上一找一大把，里面的内容基本也大同小异，无非是在解决部门或团队人员选、用、育、留的问题。里面的内容有没有错呢？基本问题不大。但为什么不能落地呢？因为太宽泛和笼统了，没有什么针对性。

这家企业的期望比较高，在大领导的支持下，他们的人力资源团队打算为自己的企业深度定制开发一门给业务管理者的人力资源管理课。于是我辅导他们梳理了这门课的业务背景。原来这个家电企业面临人才流失的问题，通过人才盘点又发现后备人员无论数量和质量都不足，且市场招聘面临很多挑战。他们认为这些大区的一二把手们在人力资源管理上面既缺意识，又缺行之有效的方法。显然，这样一个需求，绝不是从外部采购一门通用课程就能满足的。

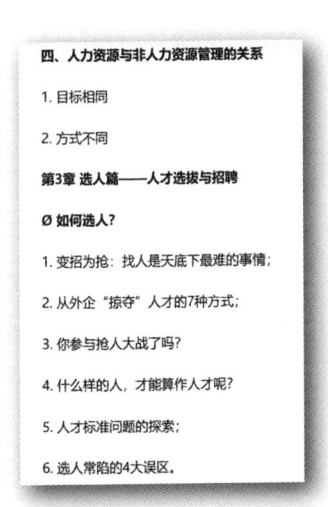

```
四、人力资源与非人力资源管理的关系
1. 目标相同
2. 方式不同

第3章 选人篇——人才选拔与招聘
Ø 如何选人？
1. 变招为抢：找人是天底下最难的事情；
2. 从外企"掠夺"人才的7种方式；
3. 你参与抢人大战了吗？
4. 什么样的人，才能算作人才呢？
5. 人才标准问题的探索；
6. 选人常陷的4大误区。
```

```
Ø 如何面试？
1. 讨论：招聘是谁的工作？
2. "八观六验""六戚四隐"方法；
3. 慧眼识鹰48字真经；
4. 面试常见的问题；
5. 面试经典6问；
6. 面试过程及技巧。

第4章 用人篇——科学用人
Ø 如何有效用人——管理者的最大本事：知人善任。
1. 讨论：用人，疑还是不疑；疑人，用还是不用？
2. 科学用人的基本原则；
3. 用人常见的误区。
```

图 5-8　市面上非专业人力资源管理者的人力资源管理课课程纲要示例

接下来，我带着他们将课程拆解为排兵布阵、梯队建设、团队激励、辅导提效几个模块。每一个模块都基于自己企业的业务背景，深入地梳理其下的关键任务，任务之下再梳理典型的两难情景和挑战。

例如，在排兵布阵模块，我发现他们需要面对的一个共性的关键任务是：到底如何对自己团队的能力进行简便而具有实效的盘点,并且学会设计和优化组织架构。在这个过程中要作出一系列决策,譬如要不要启动外招?业务需要时要不要提拔一批看起来还不能完全胜任的苗子?如果提拔要注意什么风险?要不要果断启动架构调整,以及要注意什么?等等。通过深入地提炼和萃取,我发现,这家企业的不少大区管理者偏好外招,但这里面有一个常见问题,启动外招如果处理不当,往往会打击内部士气,大家会觉得没有出头之日。这就使得一个两难纠结决策点浮出水面:团队能力评估明显不足,在启动外招的同时要如何维护团队士气?

这样一个又一个的决策点就成为后期训练的主要抓手。这些大区经理们在整个训练当中,都是围绕前期在组织当中真实发生的、典型识人用人案例进行研讨,他们需要不断地在一个个两难或者多难的情境下练习做出决策,然后给出决策的依据。管理情景没有最优解,大家基于自己做出的决策进行深度的研讨和碰撞,然后引导师给予参考的答案供大家参考。这样的训练让大家真正扎到最有温度和体感的真实任务场景中展开思考,训练的收获将会最大程度迁移回实际工作中,并且更容易知其然知其所以然,实现举一反三。

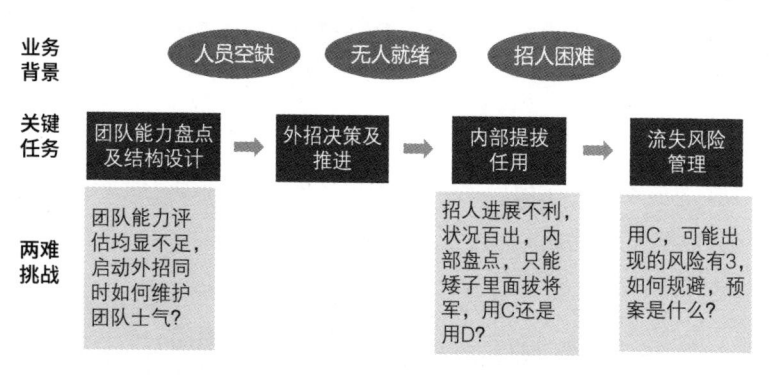

业务背景	人员空缺	无人就绪	招人困难	
关键任务	团队能力盘点及结构设计	外招决策及推进	内部提拔任用	流失风险管理
两难挑战	团队能力评估均显不足,启动外招同时如何维护团队士气?		招人进展不利,状况百出,内部盘点,只能矮子里面拔将军,用C还是用D?	用C,可能出现的风险有3,如何规避,预案是什么?

图 5-9 某企业大区经理深度还原排兵布阵的典型场景示意(节选)

德鲁克说"管理在于行，而不在知"，市面上很多经典的领导力和管理课程学完之后学员都感觉很有道理，但是无法用于指导行动，根本原因就在于从知到行之间的阶梯不是一步跨越的。

那么，就管理而言，从知到行之间到底还隔着哪些台阶呢？美国做学习评估的威尔·塔尔海默（Will Thalheimer）博士提出的 SEDA 模型，清晰完整地回答了这一问题。他认为从知到行，大概需要跨过四级台阶：第一级是情境（Situation），意味着管理者能够清晰地还原事件背景要素，搞清楚目前的状况；第二级是评估（Evaluation），意味着评判当前的形势和情景，对局势做出必要而正确的判断；第三级是决策（Decision），面对两难或多难的情形做出选择并仔细盘算理据；第四级才是行动（Action），按照做出的选择，完成任务的执行。

我们来看个例子。年底绩效评估期间，一天，你作为一名部门管理者，正在自己办公室里办公，突然，一个深受你器重的下属小刚，怒气冲冲闯了进来。接下来发生的事情在正常情况下推进速度是很快的，为了帮你理解 SEDA 模型和其价值，我切换到慢镜头，带你看清楚一个不算复杂的管理动作背后的行为逻辑。

首先，你能不能把小刚的行为举动跟当前的时间点、事件背景联系起来。这是绩效评估期间，上周你刚刚把他的绩效评估得分（B）报了上去，难不成他已经听说了？还是他来关心自己的绩效打分了？因为如果是其他事情，按你对他的了解，应该不至于这么风风火火的样子。恭喜你，你有基本的敏感度，事件的情形大致估计对了，这一步很重要，这让你接下来的处理和应对有了一个正确的轨道，这就是塔尔海默所说的情境（Situation）。接下来，你要确认他的来意，并且判断此时此刻是不是一个好的时机去跟他沟通这件事，这取决于一些要素的考量，譬如他的来意、今天的时机和场合是否合适，你是否有所准备，等等，这一步就是评估（Evaluation）。在真实的管理情景中，这两步几乎是下意识地在电光石火之间完成的，甚至一些新手管理者都意识不到需要做这样的盘算，但这两步其实对后续的管理动作的形成和实施影响重大。

再接下来，让我们假设你确定今天就需要跟对方谈，因为小刚比较着急，一直在跟你强调评分对他很重要，他去年就没涨薪，今年他的贡献很大，等等。这时你要快速在脑海中拿定几个主意，第一，用一种什么样的基调跟他谈，是开诚布公，还是委婉谦和，或是尽量共情。第二，话该怎么说。这就是决策（Decision）。这一步至关重要，因为这是你的决定，之后的行动无非是按此付诸实施罢了。最后一步是想清楚了，但能不能按自己的意图执行到位呢？例如我的出发点是想跟下属小刚共情，但说出来的话怎么听也没有这个意思，反而很刺耳很别扭，这就是行动（Action）了。下了决定，能不能落实到位，还是考验水平和技巧的。

不知你从这个例子看出来没有，如果你不深入到管理动作的细节和决策点里，只告诉高级经理们绩效面谈的一般思路和模型（就像很多市面上的管理课程那样），他们遇到真实的棘手面谈时，还是很难应对的。因为这个过程当中非常丰富的关节和门道，都被那些四平八稳的通用场景忽略或者抹掉了。所以，我才说领导力的训练如果真的要实战实效，必须清晰还原以上过程，特别是要以纠结和决策点为抓手。而要复现纠结和决策点，真实而典型的案例几乎是必由之路，训练的主要方式就是围绕这些关键的纠结决策点让学员做抉择，并且探讨和反思自己的依据。把决策思考清楚了，再围绕决策训练正确的行为动作。

Situation 情境
清晰地还原事件的背景要素，搞清状况

Evaluation 评估
评估当前的形势和情景，做出正确而必要的判断

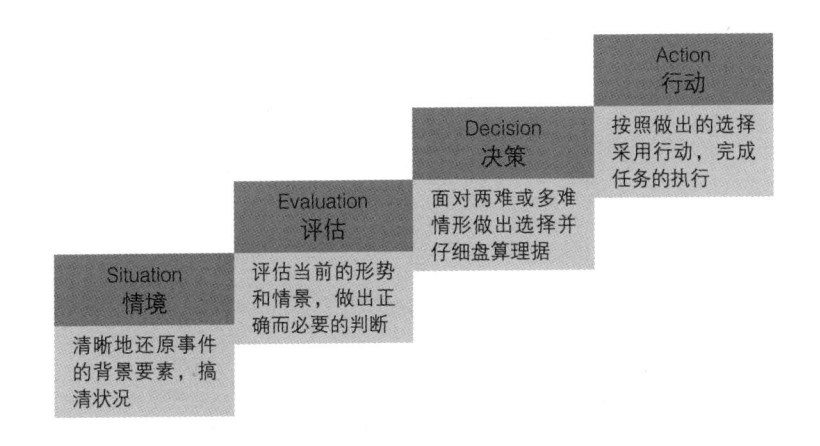

Decision 决策
面对两难或多难情形做出选择并仔细盘算理据

Action 行动
按照做出的选择采用行动，完成任务的执行

图 5-10　场景化学习 SEDA 情境—评估—决策—行动模型

我想看到这里，你可能会有两个疑惑，第一，每个领导力训练课程，每一个部分都要剖析这么仔细和深入吗？这样岂不是效率很低，答案当然是否定的，应该先聚焦难（困难）、关（关键）、痛（痛点）环节，深入到这些环节做分析，对关键点做如上的针对性刻意训练。第二，为什么前面的专业技能训练，就不用抠这么细呢？因为领导者的管理任务非常繁多，而且不像维修机器、接待顾客、客户拜访、新产品开发概念和需求描述这样的专业技能任务，很多的管理任务是没有标准程序的，只能在不同情景下，做出因人因事而异的选择和决策。所以，以真实案例为载体，训练围绕决策点来进行设计就显得格外重要了。

已故的认知科学与人工智能的创始人之一，曾获得诺贝尔经济

学奖的赫伯特·西蒙（Herbert Simon）说过一句名言：**管理就是做决策**。

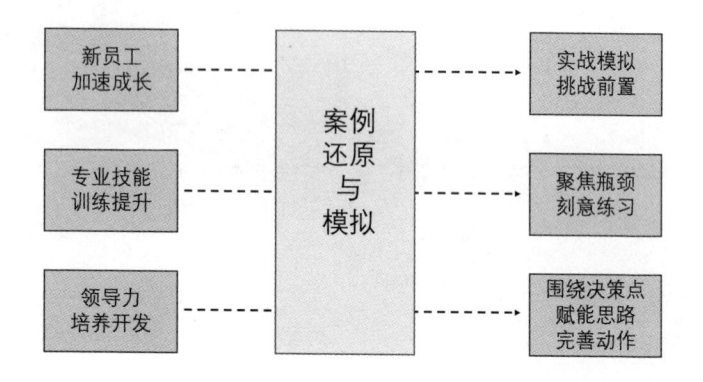

图 5-11　不同领域人才培养主题案例还原模拟的思路

各级领导者和管理者，都是在两难、多难的情况下做平衡，做取舍，这其实已经提醒我们，对他们的训练必须从决策入手，而来自真实业务的案例则成为复现这些决策纠结点的唯一途径。

最后总结一下，本章我们探讨了案例模拟在新员工加速成才、专业技能训练提升、领导力培养开发方面的重要作用。善用案例赋能这一手段，将为员工提供贴近战场的实训机会，在诸如2B/2G业务技能训练和领导力开发培养上，这是卓有成效的实战化训练途径。

第六章

文化宣导：案例故事汇聚共识

"以客户为中心"是华为文化价值观之根,公司大会讲、小会谈,但是直到马电事件发生,公司上上下下才牢固树立了"以客户为中心"的理念,并且将这一理念转化为实实在在的机制流程。所以,本章探讨案例在文化宣导中的作用,还是选用了这个经典的案例,希望你可以从中体会马电事件给华为价值观带来的冲击和洗礼。

一盆冷水,浇醒了迷梦中的华为人

2010年8月5日,时任华为董事长的孙亚芳突然收到马来西亚电信CEO的一封信,以下为内容节选。

> 尊敬的孙亚芳女士、主席:
>
> 今天距我们上次会面已经6个月了,在上次的会谈中,我们针对国家宽带项目,特别是IPTV[8]部署向华为请求做特殊保障。
>
> 非常感激您的赞助与大力支持,我们得以成功地在3月29日正式启动我们的新品牌并将其应用于商用业务。这次商用仪式由马来西亚首相亲自启动与见证,活动举办得非常成功!然而,我们业务的商用并不能代表网络的成功

转型，同时也不能说明我们拥有了一个经过充分测试、已实现安全稳定运行的网络平台。从4月开始，我们与华为携手再度努力，力争开创HSBB[9]的未来。但是非常遗憾，在过去的几个月中，华为的表现并没有达到我们对于一家国际大公司的专业标准的期望。……在过去几个月里，多个问题引起我们管理团队的高度关注和忧虑。

（1）合同履约符合度和交付问题：在一些合同发货方面，设备与我们在合同定义、测试过程中的不一致……

（2）缺乏专业的项目管理动作：在我们的反复申诉中，我们刚刚看到华为在跨项目协同方面的一些努力与起色，但是在网络中，仍然存在大量缺乏风险评估的孤立变更……

（3）缺乏合同中要求的优秀的专家资源……

我个人非常期望能与您探讨这些紧急且关键的问题；如果您能在随后的两周内到吉隆坡和我及管理团队见面，我将不胜感激。

客户在来信中虽然表面态度很平和，但很明显，他们对华为的服务质量已经失望至极。更关键的是，客户的这封信在发出5天后，华为内部没有找到一个能代表公司出面解决问题的人，直到8月10日孙亚芳从国外出差回来。看完邮件后，孙亚芳立即给销售与服务总裁打电话。

销售与服务总裁："我们正在处理，看这个邮件怎么回，您等着吧。"

孙亚芳又拨通了亚太片区总裁的电话。

亚太片区总裁："孙总，我回国探亲了，探亲期间爷爷病重，我现在在老家。"

……

华为南太平洋地区部总裁："关于马电交付问题，我和马来西亚代表处一起抓一下，全球技术服务部总裁一周后要来马来西亚支持。"一两天后，董事长秘书短信询问马来西亚代表处代表在什么地方，代表回复说他在外地陪客户，不在马来西亚。

这次事件发生后不久就传到任正非的耳中，由此，任正非发起了一次"我们还是以客户中心吗？"的自我批判活动。2011年年初，一篇约2.8万字的文章《我们还是以客户为中心吗？！——马电CEO投诉始末》，以2011年新年贺词的方式在《华为人》报上发表。这对华为人来说，犹如迎头泼下的一盆冷水，使华为人从业绩增长的喧嚣中瞬间冷静了下来。全体华为人围绕以下问题展开全面讨论和深刻检讨：以客户为中心在我们的脑子里是否真的扎下了根？我们能做到真诚地倾听客户的需求，认真地体会客户的感受吗？我们曾经引以为豪的方法、流程、工具、组织架构在市场的新需求下变得如此苍白无力，在未来的竞争中，我们还能帮助客户实现其价值吗？能真正成就客户吗？

以往这样的负面事件一般只会发表在华为内部的《管理优化》报上，但这一次，任正非选择发表在代表正能量的《华为人》报上，这意味着华为的所有客户、竞争对手、员工、员工家属全部都能看到。他把人性"恶"的一面摆在台面上，也在全体华为人的内心种下了一颗种子，让2011年尚在华为工作的员工都记住了一个词——

马电事件。在此之后,当华为人稍有松懈时都会提醒自己:这会不会是下一个"马电事件"?[1]

这个事件还有后续,在孙亚芳的强势推动下,项目组和华为大学共同把这个案例开发了出来,在内部一线进行研讨和在线学习。

意外的是,这样一个失败案例,经过充分研讨,经验萃取后,给公司带来了巨大的价值。

第一,关于文化和管理的反思。因为反思,所以做出了很多关于文化和管理上的改变,其中特别重要的是以客户为中心,包括自我批判的文化。

第二,在这个项目结束的时候,有28个同类大型项目在同步进行,马电案例的教训很大程度上能帮助这些项目在进行过程中避免类似错误。

第三,基于这样一个失败案例,华为运营商BG后来输出了在公司内部铁三角协同管理运作的鱼骨图。

会讲故事,企业文化传播才能落地

企业文化核心价值观是指组织内某一群体判断事务时依据的是非标准,遵循的行为准则,也就是企业的自我观,方向是向内看,即企业如何看待自己,认为自己是什么样的企业,提倡什么反对什么。

以上定义不免有些晦涩难懂,我自己有个非常直观的体会可以

---

[1] 《经理人》杂志,华为有一把"鸡毛掸子",2020年1月刊,https://new.qq.com/rain/a/20200115A0AQ7U00

帮助大家更加形象地理解企业文化和核心价值观到底是什么。我工作以来一直在宝洁、谷歌、华为这样的强文化企业工作，感觉自己像置身一个强大的磁场中。在这个过程中，每一个员工个体就像物理课上所说的那些铁屑，电磁铁没通电之前铁屑是杂乱无序分布的，通电之后，大家都整齐划一地按照磁力线的方向分布。企业文化和核心价值观就是组织内看不见的那个磁场，但是无时无刻不在导引着员工的行为和方向。

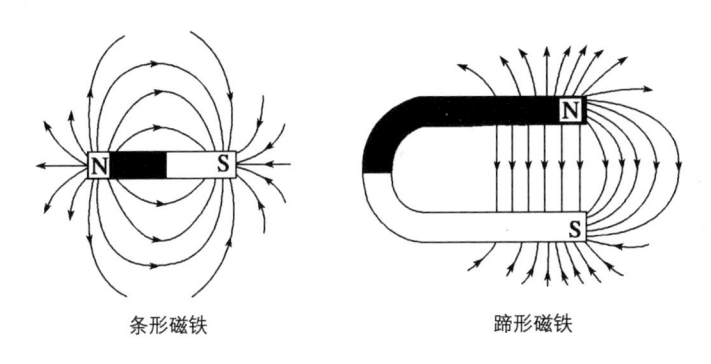

条形磁铁　　　　　　蹄形磁铁

图 6-1　企业文化磁场磁力线类比图

在企业文化建设过程中，案例和故事的作用十分重要，就如《故事的魅力——优秀领导都是讲故事的高手》（*Lead With A Story*）作者保罗·史密斯（Paul Smith）所说："**一个组织的文化是由其成员的行为定义的，并通过成员讲述的故事得以加强。**"[1]
而尤瓦尔·诺亚·赫拉利（Yuval Noah Harari）在《人类简史》（Sapiens：A Brief History of Humankind）中也说："人类实践表明，

---

[1] 保罗·史密斯，《故事的魅力：优秀领导都是讲故事的高手》，中国电力出版社，2015 年 4 月，60 页

价值观和信息传递：社会单位人数在 150 人以内的时候，仅靠"八卦"就能维持，即口口相传即可；**而当社会单位人数超过 150 人，人类组织就需要用体系化的故事来凝聚**。"[1] 在现代大型企业中，管理者大多早已脱离具体做事的岗位，无法面面俱到地以身作则。这也要求管理者必须会"讲故事"，依靠超强的沟通能力，把公司文化、战略和产品理念等尽量无损地传达并贯彻到一线。故事从何而来，只能来自于企业文化价值观案例的提炼、整理与开发。

为了帮助你更好地理解全过程中案例故事的作用，我专门提炼了如下的企业文化双喇叭提炼传播模型。

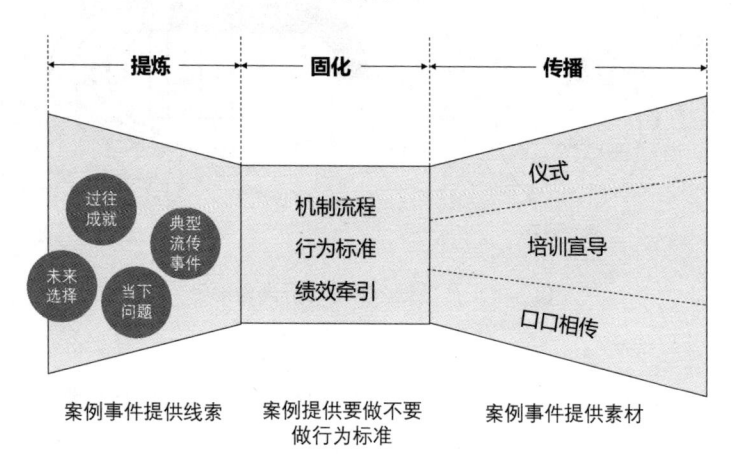

图 6-2　企业文化双喇叭提炼传播模型

首先是在企业文化的提炼形成阶段。组织内部流传的典型事件可以作为来源之一，会同诸如过往成就、未来选择、当下问题等，

---

[1]　尤瓦尔·赫拉利，《人类简史：从动物到上帝》，中信出版社，2017 年 2 月，电子书 65 页

成为萃取和优化企业文化价值观的核心素材。春江水暖鸭先知，很多时候一些事件在公司高层确定基调之前就已经在组织内部流传了，这反而助推了企业确定方向和战略。

一个典型的案例就是阿里巴巴的"武侠文化"，在阿里巴巴的早期发展阶段，公司内部员工自发使用武侠小说中的人物和场景进行自我比喻，称呼同事为"侠客"，并开始模仿武侠文化的精神。虽然这一现象最初并非公司高层主导的，但众所周知，以马云为首的阿里人向来有武侠情结，且大多是金庸迷。所以当有员工用了"韦小宝"这一称呼后，高层最初的9人也分别使用了金庸小说里的名字，马云以"风清扬"自居，孙彤宇拿下"财神"，叶枫也第一时间拿下"阿珂"的称呼……这一风尚迅速在员工之间流传开来，成为公司内部的一种象征。这种现象无形中为阿里的企业文化奠定了基础——倡导团队精神、互助合作和勇敢创新。

随着这种文化在组织内部的传播，高层逐渐意识到它能够反映企业追求勇敢冒险、承担责任、团结协作的价值观。最终，阿里巴巴正式将"武侠文化"融入其企业文化中，提炼出"客户第一、团队合作、拥抱变化"等核心价值观，助推了公司在未来的发展方向和战略选择。

其次是在企业文化的固化阶段。我们知道，企业文化价值观虽然经历了前期的酝酿和发酵，仍需转化为标语和口号，但仅仅靠这些标语和口号，文化价值观只能流于形式，所以价值观的落地必须靠机制流程来固化。例如华为的核心价值观之一"坚持自我批判"，如果没有自我批判大会和红蓝军制度（华为的战略管理部门下面，有两个非常奇怪的组织，一个叫蓝军部，一个叫红军部，红军是指按正常思路做战略规划的责任部门，蓝军在制度保障下专门负责唱反调，提出异议，拿着放大镜查找华为各类重大决策存在的问题。蓝军和红军的理念源自军事中的对抗演习，红军作为主训部队，蓝军作为干扰和破坏力量，通过引入蓝军这个模拟假想敌，让蓝军和红军两支队伍进行针对性的对抗训练，从而锤炼部队的实战能力，也能帮助暴露战斗规划、部署、保障等方方面面潜在的问题），就无法找到附着点。另外，在核心价值观推广落地前期，组织往往还会利用绩效考核进行牵引，例如阿里的政委有一项重要的职责就是考察晋升干部是否"气味相投"。阿里一直坚持绩效和价值观双考核，这里面还有一项也很重要，那就是员工的行为标准，因为价值观虚无缥缈，看不见摸不着，到底什么才能体现价值观的标准呢？员工需要一套行为准则，清晰地告诉他们要做什么和不要做什么，就像奈飞的内部文件《奈飞文化：自由与责任》中所说**"公司真实的价值观，和动听的价值观完全相反，是通过哪些人被奖励、被提升和被解雇来具体体现的"**，员工能够直观理解的行为标准，也一定来自于案例，能被员工认同的只能是在鲜活生动的情境中的做事方式，而不可能是挂在墙上的横幅和海报。

最后，在企业文化的传播推广阶段。企业需要借助一些仪式，增强文化价值观的戏剧化传播效果，海尔创始人张瑞敏早年为倡导质量文化怒砸冰箱，戴尔为向服务器转型举办过易装演唱会。戴尔决定将主力业务从计算机转到服务器，发现公司内部大家都不愿意，想法根深蒂固。大家觉得做计算机很好，利润高，服务器利润低，看不到前途。于是戴尔就举办了一个大型的演唱会，有些人扮演计算机，有些人扮演服务器，大家来PK，看谁比较厉害，谁好、谁强、谁市场前景好。通过让员工亲身参与并感受转型的过程，戴尔成功地在文化层面激活了企业内部的变革动力。这种"热而不闹"的方法确保了系统的灵活性和持续性，而避免了过度变革带来的混乱，是这方面的典型案例。另外，还需要通过各种形式的培训宣导不断加深大家的印象，并利用员工的口口相传进行组织内的激荡和回响。无论是培训宣导还是口口相传，都离不开案例和故事，因为只有这样的素材才是大家喜闻乐见且乐于传播的。就像金融行业的企业文化建设标杆——广发证券培训中心的总经理刘正周博士分享的那样："从实践来看，员工对企业文化纲要文件进行死记硬背式的学习，大约能记住一周时间；通过告知员工一些具体事实，帮助员工增强文化认知，或许能记住一个月；但是，若能通过生动的文化故事进行演绎，则可能带给员工一年甚至持久的记忆。"

短、中、长三种案例各自扮演不同角色

先邀请你来品味两个小故事。

故事一：博士生上万言书

一名名牌大学毕业生刚到华为时，就公司的战略问题给任正非写了一封洋洋洒洒的"万言书"。原本以为，这封万言书能够得到任正非的肯定和赞扬，没想到任正非看了这封万言书后，不仅没有赞扬，反而对人力资源部负责人说"查一下这个员工的情况，有病治病，无病建议辞退。"

故事二：华为向 IBM 学习

从 1997 年开始，华为邀请 IBM 来做咨询，教华为 IPD（集成产

品开发），前后长达 10 年，华为投入 40 亿元，服务初期 IBM 每位咨询顾问的时薪报价达到了 300~600 美元。那是 1997 年，普通职工一个月工资才 200~300 元，600 美元一天相当于一笔巨款，可是任正非同意了，连价都没还，当时华为高层阻拦，任总你不还价怎么能行呢？任正非说：还价了，效果不好你负责吗？后来任正非还用"削足适履"来要求公司学习 IBM 不能打折扣，必须做到"先僵化、再固化、后优化。"

今天随着华为成为国民企业，以上两个故事可能已经众所周知了，而我是在比较早，还没进华为的时候就听说了。这两个故事如果细究，可能真实性或者对象等细节存在一些问题，但事件大体是发生过的，不妨碍我们从中了解华为的一些价值观。不知你看了这两个故事的感受是什么，我跟你分享一下我当年的感受。通过第一个故事，我认识到华为是一家极为务实的企业，不尚空谈，少整虚头巴脑、好高骛远的东西；第二个故事当然更加清晰明了：华为是一家舍得花钱学本领的企业，而且创始人有学习的大胸襟和大格局。两者在我进入华为之后都得到了印证，而且故事一对我选择进入华为还产生了潜移默化的影响。因为我去华为之前，常年在外企工作，华为这种务实、做事优先的文化价值观是吸引我加入的重要原因之一。

再深究一层，华为今天被罩上一层光环，我认为除了业务上的持续成功外，这样的小故事功不可没。因为华为营业额 9000 亿元，很多人是没感觉的，每年研发投入过千亿元也不过是"哇哦"一声的赞叹，事后就不记得了，但是这样有细节、有态度的案例和故事，大家就会记忆深刻。我自己都不知道免费帮华为讲过多少次，因为当有人问我"华为是一家怎样的企业？"或者"庞老师，谈谈你在华为工作时的感受"时，我总不免要把这样的故事拿出来分享一番，因为我凭直觉也知道，比起深奥的理念和干瘪的感受，大家肯定更喜欢听故事。而这些故事，他们听完出去之后，很有可能又会免费传播很多次，就这样口口相传，华为的形象越来越立体和丰满。就像珠穆朗玛，本来就是一座雪山，但是被赋予了很多神圣的含义之后，渐渐成为一座圣殿。**一千个人心目中有一千个华为**。

所以，仅仅是两个小故事，就可以承载核心文化和价值观这么厚重的内容。当然，故事二完全可以根据需要展开很长，添加很多细节，但是它在上述200字的体量上，已经可以达成其基本使命。这正是本章要旨，短、中、长篇价值观案例分别有其用处和价值。

短篇价值观案例，既可以是本身短小精悍的，如前述故事一，也可以是中长篇价值观案例的浓缩概括，如前述故事二，它主要支持口头的传播，既可以在组织内部流传，也可以用于跟组织外部的对话。

中篇价值观案例，字数多为1000~8000字，需要精心设计与编写，具体的萃取和编写方法，我将在下一节介绍。它主要以书面形式，支持各种组织内学习、研讨，或者编辑发表在内网、内部论坛、内部刊物甚至图书著作上，下面来看一个示例，限于篇幅，只能节选一部分。

案 例

一人一厨一狗

（本文摘自心声社区，作者叶辉辉，为华为"90后"奋斗者代表）

"我是来自科摩罗的叶辉辉……"

"科摩罗在哪？我还没有去过。"

2019年7月，我参加（蒙哥马利计划）"20分钟"分享，刚开口做自我介绍，就被任总打断了。

科摩罗在哪？6年前，我也跟任总一样，发出过这样的疑问。我也没有想到6年后，这个我曾经一无所知、自认永不会有交集的印度洋岛国，已经成为我生命中最无法割舍的一部分。

但其实说起来，我刚到科摩罗时，一切并不如我想象的那样，或者说，刚来我就后悔了……

我与世界"失联"了

2013年年底，我第一次来到科摩罗。那时我24岁，刚进入华为不到一个月。

"科摩罗在哪？"这是我第一次听说这个国家，经过领导的介绍，我才知道这个国家位于非洲大陆与马达加斯加岛之间，是一个人口只有80万的岛国。当地经济落后，基础设施很差，这个海缆项目意义非常重大，有望改变科摩罗"与世隔绝"的状态。

我毫不犹豫地答应了，因为我觉得自己刚来不久，产品知识和经验也没有其他人丰富，而领导这么信任我，正是证明自己的好机会。另外一方面，虽然对科摩罗也不了解，但我有非洲工作生活的经验，还自学过一些法语，经受过疟疾折磨，看着马达办事处非常好的办公条件，我带着对未知国度的向往，上了飞机。

来之前，就有同事给我打预防针，说这边条件很艰苦，每天只有一两个小时有电，而且通信信号很差，还是ADSL网络拨号上网，来这边基本就是"失联"。我本来没有怎么放在心上，等到了宿舍，我发现自己仿佛从文明社会直接跌入"原始社会"了。当地宿舍和马达加斯加的有着天壤之别，房屋年久失修，设施破旧，没有水也没有电。我拿出手机打了个国际长途想给国内父母报个平安，但是电话接通刚叫了一声"妈"，就断了。由于怕父母担心，我接着又拨打了好几十个电话，都打不通，只好算了。后来我才知道，我妈那天也给我打了几百个电话，担心了很久，直到辗转联系到了我同事，确保了我的安全才放心。

当时已经七八点了，天已经黑了，由于没有电，我只能借着手机屏幕的光，摸索到床，准备坐下歇息，刚一落座，只听"轰隆"一声，整个床塌了。床散架的巨大声音，惊动了我的同事还有本地司机，大家帮我拼了个床，我们就出去和当地的中国医疗队吃饭了。

这一顿晚饭下来，我对科摩罗了解得更多了，但心里却更不是滋味。我感觉之前还是过于乐观了，现在我面对的是一个物资极度匮乏，基础设施极度落后，疟疾和登革热肆虐的"世界上最不发达"的国家。缺电缺水也就算了，由于是火山岩地质，这个地方蔬菜和水果也极度缺乏，这是一个连吃的都需要发愁的国家！

我怎么来到了这样一个国家？巨大的落差感，让我在科摩罗的第一夜辗转反侧，懊丧不已，但是当时满口答应领导的场景还历历在目，哎，来都来了，先干起来吧。

（中间略去若干）

科摩罗的网络是世界上"最好"的

2014年，我们告别了之前的破旧宿舍，租了一栋宽敞明亮的新楼房，出于安全的考虑，还抱了一条小狗回来，希望它可以看家护院，于是关于科摩罗，关于我的"一人一厨一狗"的趣事就传了出去。

后来由于这条小狗过于凶猛，我们把它送给了当地人，又重新养了两只小土狗，一公一母。当时为了这两个小家伙的名字，大伙儿还进行了一番"头脑风暴"，旺财、来福、旺旺……五花八门。后来我拍板，就叫"收入"和"回款"，这两个名字时刻提醒着我们的"奋斗"方向，一个也不能少。

可以看到中篇价值观案例，通常以第一人称的口吻，以相对完整的篇幅，讲述一个主人公面对真实的业务挑战和考验，他的蜕变与成长，这样的案例可以在公司内外部引发深度的讨论。

长篇价值观案例，字数多在 10000 字以上，需要一个团队合作来精心采编。典型例子就是前文提过的华为马电事件，这个长篇内部写实案例《我们还是以客户为中心吗？》，长达 2.8 万字，2011年，以新年贺词的方式在《华为人》全文发表。围绕这个案例，华为大学组织了精干的团队，分成几轮，访谈了上至孙亚芳董事长和高管，下到案例涉及的管理者和普通员工，前后用了 3 个多月才定稿。这样的长篇价值观案例，除满足当期组织的学习、宣传、研讨所用之外，也是公司的核心资产，因为长篇案例背后的关键事件，往往会随着核心当事人的变动和离开而逐渐面目不清，直至最后湮灭在时间的长河里。

与之对照的是，华为市场部大辞职、呆死料大会等历史事件，由于当年信息技术不发达，意识也不到位，今天其实很多关键资料都不可见了，而且其经验教训已经是一片模糊了。再比如我们都知道建党日定在 7 月 1 日，但其实这个日期是不准确的，党成立后长期从事斗争，没有条件庆祝纪念。时间一长，对于这个秘密召开的会议，参会人员只记得是七月暑假，而且那时也找不到任何文献，就是有文献在那么艰苦的环境下也带不到延安，因此毛泽东同志在 1938 年 5 月提出将 7 月 1 日定为中国共产党成立纪念日并沿用至今。[1]

价值观案例提炼萃取紧扣冲突和纠结

企业价值观类的案例萃取，跟我们熟悉的组织经验案例萃取

---

[1] 人民网，人民政协报，"七一"党的诞生纪念日的由来，2017-6-29，http://dangshi.people.com.cn/n1/2017/0629/c85037-29371752.html

（具体方法如本书第三、第四章详述）有所差别，因为价值观在企业都是确定下来的一套原则，十分抽象，不易把握内涵和行为，例如宝洁强调"积极求胜""主人翁精神"，华为强调"以客户为中心""以奋斗者为本"等。

我们做这类案例萃取时，**需要找到在这家企业内部员工身上发生的活生生的事例，来佐证和彰显这些抽象的原则理念。**

譬如我曾经服务一家模具制造企业，负责提炼萃取他们的价值观案例，他们有一个核心价值观叫作"内省外察"。

这个价值观对企业高层可能意味着，对内如何去反思一次公司级新产品的开发失当，主动承担责任，对外怎么去敏锐地察觉宏观产业环境的变化，例如识别出目前公司业务过于依赖的某些单一大客户，实际上基于国家政策未来是不被看好的。

对 HR 和培训部门内省外察则可能意味着面对突发情况来袭（对外部环境变化的洞察），如何反思过往组织和运营的弊端，及时结合技术发展趋势，调整成为线上线下混合的方式，帮助企业提升效率（内省）。

找到了这些事迹点和行为体现，再去深挖其中的冲突点，丰富成为一个有血有肉的故事， 这样其他人看了，就会理解抽象的价值观如何在日常工作行为中生动体现出来，从而不知不觉地朝价值观牵引的方向行进，而这正是萃取价值观案例的意义。

所以严格来说，价值观的案例萃取不是常规的经验萃取，因为主要不是拿来让员工学习方法改进技能的，而是让员工和内外部干系人（例如客户、毕业生、公众）认同公司的价值导向，引发情感联结和共鸣的。

总结一下，**专业主题经验萃取重在方法**，案例只是一个载体，**管理经验萃取重在情景运用**，方法业界通用，**价值观案例萃取重在行为呈现**，即如何使得抽象的原则理念扑面而来。

表6-1 三类案例萃取异同点对比一览表

对比	专业领域案例萃取	管理案例萃取	价值观案例萃取
用途	提炼萃取绩优专家知识方法改善普通员工绩效	通过情景载体帮助员工改善管理动作或者用于延伸引入经典方法的价值	提炼彰显企业价值理念典型事迹，助推文化落地、引发共鸣
方法论来源	少量方法论来自于业界通用理论模型，大量来自于专家的最佳实践总结	大量方法论来自于业界通用理论模型，少量来自于专家的实践优化	方法论不重要，重要的是企业文化价值观的表述和典型行为抽取
难点	深挖专家实践的关键点，复原背后的思路、工具、方法并验证有效性	基于通用管理理论和方法做延展和情境印证	精选典型行为和典型事迹，从普通人视角讲述真实感人的故事

为了帮助企业更好地开发企业文化价值观案例，我提炼萃取了以下 B.R.A.V.E 价值观。

案例模版，分别代表 Background（背景）、Road（启程）、Adventure（历险）、Victory（归来与凯旋）、Enlightenment（感悟）。我们知道，英文 Brave 是勇敢的意思，这也代表了对文化价值观的践行其实是勇敢拥抱变化，实现蜕变和成长的过程，这个模型其实是借鉴了美国知名神话研究学者约翰·坎贝尔的英雄之旅（如图 6-3 所示），和自己辅导企业开发价值观案例的经验形成的。

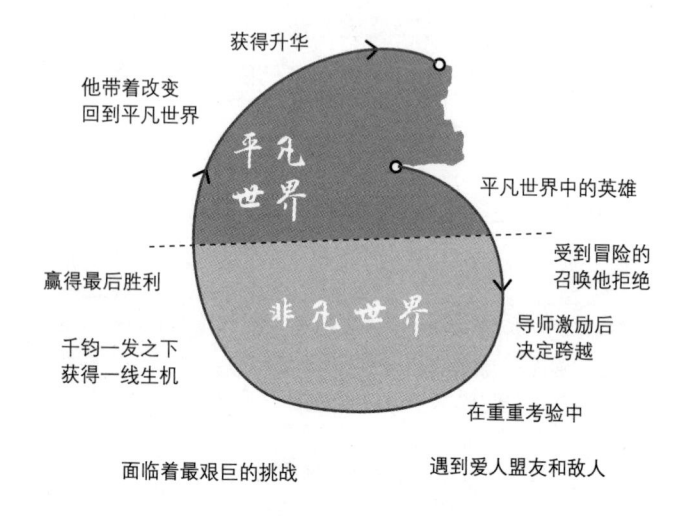

图 6-3 坎贝尔"英雄之旅"模型

表 6-2 企业文化价值观案例开发 B.R.A.V.E 模版

案例名称	
案例时间	
访谈对象	
所属部门	
BRAVE 框架	内容

（续表）

背景 Background	时间： 地点： 人物： 引子：
启程 Road	原本如何处在平静的生活中 突然因为某意外被甩离舒适区，进入新的领域
历险 Adventure	要实现的目标是什么 遭遇怎样的外在挑战 面临怎样的内心挑战和纠结、冲突 如何做出痛苦的选择 细节（对话、场景、心理活动） 得到了哪些人的帮助和支持 让自己欣喜若狂或伤心透顶的时刻

（续表）

归来与凯旋 Victory	后续如何坚持自己的选择 直至习以为常 取得的外部结果和影响
感悟 Enlightenment	自己的成长和顿悟 自己原来所理解的某些内容，是什么，不是什么

下面我们来看两个真实的企业文化价值观案例，两个案例都是关于营销人员对空白市场的耕耘和开拓，最终都想体现扎根一线、热血奋斗，以客户为中心的企业核心理念。大家看看有什么差别，哪个更打动人？

为了更好地说明问题，以下都是案例原文，除了因为出版规范稍作了一些词语修改，并未有其他改动。

A案例节选：
某铝合金门窗企业案例——星光不问赶路人

2013年，随着公司营销区域的调整，王春（化名）开始独闯大湘西。面对经济相对落后的地区，他协助经销商客户到每个乡镇拜访，在经销商刚接手湖南保靖县市场时，没有任何下游客户、经营理念和管理方法，一切都是从零开始。王春把这个门店当成自己的事去做，到每个地方实地去了解客户诉求，帮助他们制订解决方案，针对不同问题逐个突破，客户信任度逐渐增加，门店生意越来越好。就这样，王春每天都处在营销战场的一线，风里来雨里去，带着满腔的激情，小心呵护着他为之奋斗的销售事业。

在株洲炎陵市场推广某品牌门窗的平开窗过程中，由于老经销商不愿意转型，不敢创新，客户流失很快，王春不轻易放弃，努力开发新客户。通过多次拜访，不厌其烦宣传产品优势，分析市场容量，奋安铝材周老板被王春的诚意打动，随后王春陪同他一起开拓市场，通过一系列帮扶，该客户已经在炎陵创造了非常稳定的销售局面。王春的成功，在于他积极帮助客户树立正确的价值观，建立和公司长期发展方向一致的远大理想，最终他通过统一思想影响了客户的个人行为。

2021年，王春转战娄底市场，面对当时市场价格混乱、经销商利润分配不均等问题，他也有自己的解决办法。他逐个记录着客户的需求，并从晋级模式、产品区隔、区域管理、团队引导等方面入手积极采取措施，在一个月内他足足写了30多份方案。经过王春一年多时间的努力，湘西区域市场变得更稳定成熟了，他也开发了多个新客户。王春认为，在市场环境不断变化时，让客户齐心协力解决内忧的同时，做好他们的坚强后盾，让他们不用考虑背后的事情，这就是自身最大的责任所在。因为王春的鼓励，娄底客户方某信心大增，新租了一个1800多平方米的厂房，聘请了6名业务人员，在不断加大市场投入下，销量节节攀升；双峰客户匡某在销售室内门过程中，经过一年的磨合引导，最终清空全部杂牌料，专营振升产品，以室内门、平开窗与阳台门为组合，2022年实现销量100余吨，还获得公司奖励，对于当地市场的稳定起到了至关重要的作用。

2022年，王春晋升为湘西渠道大区经理，站在新的起点，他明白身上的责任越来越重，因为今后不只是单枪匹马，而是团队作战。在加强自己学习的同时，他每日思考如何带兵打仗，如何提高业绩。同时，他始终将学习摆在首要位置，努力做到求实、求新、求变，他还利用业余时间不断给自己充电。2023年，他在集团金牌内训师训练营中一展风采，不但在实战比赛中荣获好成绩，还谨记自己作为内训师的职责，积极为业务人员录制了销售课件。

王春始终认为，销售管理人员就是因为问题的存在而存在的，问题有多大，自己的价值就有多大。因此，他所走的每一步都脚踏实地，用坚持和热爱追寻更高的梦想。

B案例节选：
《一人一厨一狗》——客户成为我们亲密的伙伴

2013年，科摩罗市场还长期被西方厂商垄断，对于华为这样一家中国ICT企业，客户并不买账，他们觉得还是西方的产品最好。我又刚来，对当地业务和公司产品缺乏足够的了解，法语水平也无法满足华为的业务场景需求，业务开展起来非常难。刚开始客户的CEO都不愿意见我，有一次我还在客户门口从下午一直等到凌晨一两点，后来终于见到了客户，我操着当时还不灵光的法语，夹杂着英语，希望能获得一个坐下来谈谈的机会。客户看了我一眼，摇了摇头，就走了。我又累又饿，看着他远去的背影，泪水在眼眶里打转，觉得自己太失败了。

外部环境已经比较艰苦，工作也不顺，这让我压力很大，十分迷茫困惑。可是接下来的遭遇让我转变了想法。

作为一个岛国，科摩罗几个小岛之间的交通工具是9座螺旋桨小飞机和冲锋舟。有一天，我陪客户乘飞机去另外一个岛考察站点，路上遭遇了雷暴，飞机螺旋桨一度都停了，急速下坠，我当时想可能飞机要失事了吧，幸好最后还是安全降落了，但是那种剧烈的失重感让我有了阴影。所以当我再次来这个岛的时候，我和同事选择了冲锋舟。

这一次去程很顺利，客户还终于在合同上签字了，我们心情格外轻松，回程的时候，我们又坐上了船，但是刚出发不久，我就看见海面上的晴空万里一瞬间就乌云密布了，大风大雨很快就来了。

冲锋舟上，总共有四个人，我、我同事、一个本地妇女和船长，我们几个人火速把破破烂烂的救生衣套在身上，虽然也起不到救命的作用，但求个心理安慰。这是我第一次经历海上暴风雨，真的非常吓人，风雨越来越大，也分不清是海水还是雨水，打在脸上，我连眼睛都睁不开。我们的船本来就小，哪里经受得住这么大的风浪，船被风浪卷着荡来荡去，我感觉船就要被掀翻了。

我们害怕极了，那位本地妇女一直在祷告，祈求神灵的庇护。我当时特别绝望和无助，我想这茫茫大海掉进去哪有什么生还的机会？上一次飞机没出事是走运，这一次可能躲不过了！我真的想哭，内心也充满了悔恨：我为什么要来科摩罗？这个地方这么苦不说，现在连小命都保不住了！

但害怕归害怕，我还有一丝清醒，那份重要的合同还在我手上，我赶紧把合同文件夹塞到衣服最里面，此时也只能这样，尽力保护它不被打湿了。如今这一份合同应该在深圳坂田，上面泛黄的水渍就是这么来的。

幸亏海面上暴风雨来得快，去得也快，我们的绝望害怕没有持续多久，乌云就散去了，海面恢复了平静，我站在甲板上，被眼前的景象惊呆了：两条壮美的彩虹横跨在大海上。这是我人生第一次看到如此壮丽的景象，我刻骨铭心地领悟到生命是如此宝贵，能掌握自己命运是多么幸运！我一定要好好把握自己的命运和未来,遇到困难就迎头面对它!

于是我开始了充实自己的过程。我更加努力地学习法语,每天背大量的单词,大学法语专业那几本书全都啃完了,还缠着一个本地的兄弟练习口语。白天在客户机房蹭电蹭网的时候,我也借机和客户"偶遇"。可能自己真的有些语言天赋,不久我就可以和客户"对上话"了!另一方面,我努力学习业务管理和产品知识,给客户做宣讲,上至总统部长,下至开发工程师都听过我的宣讲。

和客户接触的时候,我并没有急于推销华为的产品和服务,而是首先与客户做朋友,真诚地展示了通信发展能带来的改变。我还记得介绍视频会议系统的时候,我告诉客户,有了这个设备以及网络,就可以在同一个办公室和天南地北的人"面对面"开会,再也不用几个小岛来回奔波了,这让曾经坐船掉进过海里的客户眼前一亮。另外,由于我们在当地长期扎根,有一支本地的维保团队,客户可以随时获得华为的服务,这一点是其他厂商所没有的。我们让客户看到了华为的诚意与实力,他们开始愿意与我们合作,CEO后来也成为我们最亲密的伙伴。

就这样,随着客户对我、对华为越来越认可,我也根本无法离开科摩罗了,出差就变成了常驻,于是我就成了科摩罗"唯一的华为中方员工"。这些年来,我在科摩罗经历了三次总统大选,对接过客户公司的六任CEO,真的是"流水的客户,铁打的我"。

不知你的感触是怎样的。显然,A案例给人的感觉更像是流水账或者个人大事记,很难在读者心目中留下波澜。过于平淡的背后,一是第三人称的叙述很难让人代入,二是很多内容尤其是挑战和抉择一笔带过,而这恰恰是价值观案例的精华,三是看不出主人公的成长和变化,仿佛他原本就是这么优秀,而后来取得的良好结果似乎更是天经地义。简言之,主人公王春在这个案例里比较像是一个"道具人",而不是一个活生生有血有肉的人,只需要借助他这个模糊不清的载体,把组织需要他体现出来的"喜人业绩"和"光荣理念"表达出来就可以了。

平心而论,案例 A 在我见过的组织文化价值案例当中算是不错的,有更多的企业(国企居多),价值观案例跟先进个人事迹或者报奖材料差不多,除了获奖证明就是政治正确的各种标语,我戏称"**跟人说鬼话,鬼听都尴尬**"。之所以出现这样的情况,说到底还是没有给予个体作为完整的人的尊重,也没有深入挖掘个体的故事。想想早年拍的《开国大典》,里面全是伟大人物,然而有时很难让观众共鸣,到了《我和我的祖国》,同样讲建国的故事,但选的全是普通人、平常人的故事,反而让我们更有共鸣。

反观华为的案例,由于突出了员工,充分挖掘和呈现了一个生命力勃发的鲜活个体,所以案例显得真实、自然、可信,不用刻意上价值,反而价值感满满,让人印象深刻。老子在《道德经》中所言:"太上,不知有之;其次,亲而誉之;其次,畏之;其次,侮之。信不足焉,有不信焉。悠兮,其贵言。功成事遂,百姓皆谓我自然。"

运营推广，避免案例在文件柜里吃灰

不少企业找到我辅导他们开发了一系列的价值观案例，包括各种手册，甚至出版了内外部刊物。但不幸的是，由于缺乏后期的运营推广，不少案例到最后都处于文件柜和电脑文件夹里吃灰的尴尬境地，可谓"锦囊未启，妙计已迟"。

企业文化价值观既然花费了时间和精力开发出来，就需要通过有力的机制和方法，将其真正融入企业的方方面面，实现"看得见、摸得着、听得到"的效果。我总结了"一能四化"的思路，有效利用企业文化价值观案例，创造价值，并最终实现有效落地。

一能是找势能。

企业文化价值观的推广，首要的是找准势能。势能的获取必须依赖高层的支持与背书，同时需要结合企业的重大阶段或里程碑事件，如公司周年庆、业务变革，形成强有力的文化传播契机。广发证券正是借助公司成立25周年之际，由董事长孙树明亲自发起，通过公司高层领导授课和推动企业文化建设，形成了强大的"头雁效应"，带动全员深度参与，确保企业文化的传承与创新。企业可以在重大节点上，通过高层的背书，推动价值观故事的传播，赋予文化更强的影响力。

四化则指成文化、外向化、可视化、线上化。

1. "成文化"是指将企业的价值观提炼为文本，形成易于传播的文化手册、公开信或故事书等。例如，流媒体领域巨头奈飞发布的《奈飞文化守则》在业内产生巨大影响，同程旅行发布了《同程旅行组织文化手册》，详细阐述了企业的文化价值观，并将其与日常考核和管理体系结合起来。

贝壳也通过发布《相信价值观的力量、相信相信的力量》公开信，重申企业文化的核心地位。通过成文化，企业文化价值观案例得以固化和传承，形成员工行为的指南和企业对外的形象展示。华为创始人任正非早年的几封信《华为的冬天》《我的父亲母亲》《致新员工书》都在华为内外传诵一时。

2."外向化"强调在特定场合突出企业价值观的输出，而不是像闷葫芦一样一味强调内部的背诵、考试。如面向客户、新员工以及员工的社交圈子进行宣讲和传播，企业应赋能这些特殊的场景，使其成为文化传播的有效渠道。例如，企业可以在新员工入职培训中加入系统的文化宣导，帮助新员工迅速理解并认同企业的核心价值观。

我之前在华为开发过一门面向合作伙伴及外包员工的企业文化课程，当时这门课面向华为的外包员工一度让 HR 十分头痛，因为他们对核心价值观的领会和运用，与华为正编员工完全不同。我分析了他们学习企业文化的输出应用场景，发现他们需要在渠道会议上面向合作伙伴进行讲解，或者在门店里面向消费者进行答疑和简单普及，为此在课程里专门设计了围绕这些场景的宣讲输出，因为贴合他们的实际需求，所以这个本来被视为鸡肋的课程受到了学员和直线经理的欢迎。

除了以上方法，企业还可以通过客户沟通和市场活动，将价值观与品牌形象相结合，增强企业的社会影响力。

3."可视化"是通过具体的形式，将企业价值观具象化、视觉化，使其在企业日常环境中无处不在。字节跳动通过内外部渠道宣告和展示其企业文化，将"多元兼容"纳入文化体系，并在办公环境中通过海报、标识等形式不断强化文化认同感。华为则通过颁发"明日之星"奖章、小士兵奖章等，借助具象的奖章图案，将企业价值观可视化，使其成为员工荣誉感的象征，并在日常工作中时刻提醒员工价值观的重要性。

4."线上化"则是指随着互联网的发展，企业文化的传播渠道大大增加。线上化利用移动互联网平台，实现文化的实时传播和互动分享。2017年，广发证券的党委组织"先锋本色—我身边的共产党员"微视频大赛活动。活动期间，通过广发爱学APP，收到微视频作品55个，浏览学习超过2万次。其中优秀党员的故事，收获大量点赞和丰富的、充满正能量的留言，大受好评。再比如，在广发证券的新员工培训项目中，项目组首先让新员工自己采访、挖掘内部企业文化故事，然后再转述、分享；通过新员工培训项目划分的学习小组，共同创作文化主题微电影，在内部公开展播并获取投票，开展评比。仅2019年新员工小组就创作、集中展评20部微电影。

所以，企业文化价值观案例开发出来，一定要充分利用互联网平台，进行全方位的运营，结合一些高频场景，利用丰富多彩尤其是年轻人喜闻乐见的形式，如微电影、短视频、漫画等形式，进行二次创作和传播推广。

总结一下，与其他类型案例相比，**价值观案例开发的难点在于完人和走心**，完人是把个体视为完整的人，而不是组织的附庸或者工具，去挖掘他们身上鲜活的故事，来印证抽象和虚无缥缈的企业核心价值观；走心是选取主人公的转折点，真实地呈现他的喜怒哀乐，同时要跟受众共情，不把员工当成傻子，要相信所有人都有拥抱和领悟真善美的能力，避免刻意上价值而适得其反。正如老子在《道德经》中所言："我无为，而民自化；我好静，而民自正；我无事，而民自富；我无欲，而民自朴。"

第七章

激发潜力：案例教学赋能团队

上完课才知道大家都是"草台班子"

某家知名跨境电商企业 DX 科技，创立 10 余年，主要做电子产品业务，2019 年开始进入快速发展期。5 年多时间里，营销团队从 60 人扩充到 300 人。公司创始人意识到随着业务和组织规模的快速扩张，很多原来的管理文化和价值观在快速稀释，所以也非常重视团队的学习和培训，先后请过商战名家和专家学者来企业讲课，也采购过外部的经典版权课程，但没想到最受大家好评的是这样一堂原来没有寄予太大期望的课。

2022 年，企业引入了一家顾问机构，辅导他们做营销创新与突破。这家顾问机构的汤君健老师是我在的宝洁任职时的同事和好友，他在辅导"营销干部管理效能倍增"项目时，借鉴了《华为训战》当中的思路和方法，编写了一个跨境团队的案例，围绕高管如何排兵布阵和设计组织架构展开。

然后汤老师花了整整一个下午，召集公司核心管理团队，对这些案例逐一复盘，大家交流各自的感受和看法。譬如当时某高管接手了一个团队，遇到一系列问题，辅导时顾问询问大家会怎么做，再给大家呈现某高管当时的做法，大家可以探讨有哪些得，哪些失。

还有关于招聘层面的案例。有一个部门 A 大胆启用了非常多的应届生，然后对应届生的引入和使用情况进行回顾和探讨。而另外一个部门B的老大张总之前对应届生颇有顾虑，觉得这些人缺乏必要的工作和社会经验，这也不行，那也不行。但是A部门领导王总的分享却让他大吃一惊。王总从他的切身体会和实际案例出发，分享了这两年用应届生的过程中有什么注意事项，踩了哪些坑，张总这才了解到只要处理好这些要点，他顾虑的那些风险就不存在了。

还有用人方面的案例研讨。当时有个部门骨干员工表现很不错，但公司把他开除了。顾问请大家来复盘，分析这个员工做的好的地方在哪里，又在战略上犯了什么错误，带来了什么样的负面影响。分析过程中大家就会有碰撞和讨论，有的人觉得该员工犯的错并不是致命问题，这时候当事人领导没有发言，而创始人却站出来说不对，他认为在那个时候，这就是路线错误，甚至是价值观的问题。

上课过程中公司创始人全程在座，按照顾问跟他提前达成的共识，他不轻易发言，但有必要的地方，他可以给大家做一些反馈，分享他的看法，让大家站在更高角度审视问题，看看哪些决策做对了，哪些做错了。就这样，激烈的讨论和交流一直持续到晚饭时间，夜幕降临了大家的讨论热情还是很高，不愿离去。

事后创始人反馈，这是他们近两年上过的最好的课。这一下午的收获超过了过往所有高大上的学习培训，而且通过这次交流，他感觉对团队的了解以及团队间的联结都加深了。

汤老师还侧面了解了一些参加培训的管理者的想法，大家也普遍认为这是一次非常有效的学习。第一，强化了自己的全局视野和系统性思维。随着公司的快速发展，他们在一个职能部门或板块工作久了之后，就很容易局限在自己的部门里，很少有机会从别人的视角看问题。但大家对于横向理解是非常关心和感兴趣的，案例研讨里提及的案例有些是他们略有耳闻的，有些是他们知之甚少的，无论哪一种，都有利于他们增加对其他部门职能，以及公司发展历程和核心价值观的理解。第二，有不少管理者反馈说通过这样的案例复盘和研讨分享了彼此的经验。因为通过研讨，管理者发现原来大家水平都差不多，你犯的错我也犯过，但是在这次研讨中，"你有一个好方法，我也有一个好方法"，以案例为载体，把不同部门的方法通过案例的形式输出，这是他们以前从来没有经历过的。老板一直在喊让大家分享经验，直到这次案例复盘和研讨他们才意识到什么叫分享经验。

这就是案例教学的力量，企业发生过的一个个鲜活的案例都是非常好的载体。以上文中校招生的引入为例，本来常规的思路是要靠人力部门做一个 30 页的 PPT 给全公司做培训，列举各种数据和行业内外的实例来说明其好处，但是很多部门管理者听完之后还是将信将疑，甚至完全不信。而现在利用公司现成的案例充分进行研讨分析后，他们就清楚了。相当于每个人从不同的角度论证一遍，各种视角都有人讲到了，这时候就更有利于大家快速地确定一个方向以达成共识。这也是我们前面在第四章里提到华为塔山特训营里，为什么连续三个晚上安排地市主官开展高强度辩论的用意。

你所理解的案例教学 90% 可能都是错的

提到案例教学，就不得不提商学院，尤其是美国的哈佛商学院，其 MBA（工商管理硕士）教育以案例教学著称。华为大学在 2005 年成立之后，很快就看中了西方的案例教学法。当时，华为大学对标的是世界上以案例教学见长的两所顶尖商学院——美国哈佛商学院与加拿大毅伟商学院。华为大学重金聘请了这两所商学院的知名学者到深圳进行案例教学法的讲解，也抽调了自己的骨干专家进行案例教学的学习。

然而，深度研习之后，华为大学发现哈佛和毅伟商学院的案例教学法，更多的是应用在商学教育或是法学教育中，这些都是长学制学位教育，而华为的业务实际很多是经营领域、业务领域，甚至是专业技术领域，上课时间也短得多，直接套用就会水土不服。于是，华为大学针对哈佛和毅伟商学院的案例教学法做了一些改良，开发了一套自己的案例教学方法论。我在自己上课和辅导企业落地项目的经验基础上，又对其做了一些补充和完善。

我在跟业内企业分享华为案例教学法的过程中，发现业内对案例教学大多知其名，但存在很多误解。核心误区有三个，不破除这些误区，案例教学无法有效落实。

误区一：将案例教学与举例教学混淆

案例的对应英文是 case，是一种详细的、结构化的叙述，通常基于真实或模拟的情境，用来供学员分析、讨论和做决策。案例通常包含背景信息、挑战、决策点、利益相关者等复杂因素，它的主要目的是通过情境的复杂性来促进批判性思维、问题解决能力和决策能力。

举例或者例子，它的对应英文是 example，通常是简单的、具体的示范，用来说明或解释某一特定概念、原理或方法。它们通常是为了帮助学生理解某个具体的点，没有复杂的情境或决策点，它的目的是提供一个明确而具体的示范，帮助学生更容易理解理论或方法的应用。

如果你还是无法区分两者，让我们假设一个荒诞的场景帮你来理解两者的区别。假设孙悟空取经归来，开办降妖除魔的培训班，就以他印象特别深刻的三打白骨精这段经历为例，针对的教学模块是识破妖精的常见伪装。

如果是案例教学，他需要提供这段经历的详细背景，包括事件的时间、地点、人物、起因和遇到的挑战等。例如妖精十分狡猾，懂得利用人类的恻隐之心进行一而再再而三的诱骗，然后跟大家探讨这时该用的办法，再分享他自己是如何处理的。

如果是举例教学，关于妖精的狡猾他只需列举白骨精先后变幻为妙龄村姑、老太太、老翁，不必展开进行分析，因为这些示例会让他的学员更加深刻地理解和认识到妖精的狡猾之处。

另外很明显，在这里孙悟空的例子是一个举例，不是案例。大家可以想，如果将对象替换成一个企业，譬如华为的真实案例教学过程，是案例还是举例。

表 7-1 案例教学法和举例教学法的对比一览表

对比项	案例教学法	举例教学法
定义	通过分析具体案例来学习理论原理，演练如何做决策、解决问题等技能	通过提供具体的例子来解释、说明抽象概念或理论

（续表）

对比项	案例教学法	举例教学法
教学目标	解决实际问题，培养综合分析和决策能力	帮助理解抽象概念，加深记忆
教学内容	真实或模拟的复杂情境 学员独立阅读案例→小组讨论分析→更大氛围交流分享→老师点评总结	单一或多个具体事例 老师讲解概念或原理→举例说明→学生理解记忆
学员参与度	参与度高，鼓励学员主动分析和讨论	参与度中或低，通常在老师引导下进行
知识应用	强调将知识应用于实际情境	主要用于理解理论，应用较少
教学时长	一般较长，很多时候需要深入讨论分析	一般较短，侧重于快速理解
适用场景	复杂问题解决、决策，高级技能培养	基础概念教学，理论介绍
老师角色	引导和协调者，提供必要的支持和指导	信息提供和解释者
来源	一般来自于本企业或其他企业，往往需要专门开发，素材来源比较特殊且有限	可以是企业的事例，也可以是生活中的实例，历史事件、寓言故事等，素材来源比较多元且丰富

很多企业和老师在实际教学过程中未能领悟案例教学的真谛，过于重视理论而轻视实践，导致案例教学流于形式或者过于泛化。另外，大家要特别注意，不要从老师讲课时的口头表述来判断他在使用案例还是示例。很多老师说："接下来我提供一个案例"，实际上他分享的是一个例子或者一个故事，并非真正意义上的案例。

我在这里澄清两者区别既不是说举例教学不好，也不是要大家对"案例"的口头使用进行"除恶务尽"式的清算，毕竟我们，尤其是业务部门对案例的使用已经习以为常了，口头表述一下子很难改过来。最重要的是我们应该区分到底什么是案例，什么是举例，该举例时举例，该用案例教学时也用到位。

误区二：过分追求案例的复杂性

看了上述澄清和对比，不知道你会不会有一个感悟，原来我们很多时候使用的案例都只是举例，案例看起来要比这复杂得多。这个感觉有一部分是对的，但又容易把不少企业导向另外一个误区，就是追求过于复杂的案例。

前面讲过，商学院 MBA 教育是案例教学发源地，但那里的案例教学落地应用场景跟企业有很大差别。如果你去翻阅哈佛商学院的案例，会发现一个案例一般会有 4000~7000 个英文单词，加上表格、数据、图片往往有 15~20 页，从课前自学阅读再到个人分析和思考、小组讨论和课堂研讨，一个案例的学习时间往往在 5~7 小时。这还是全球精挑细选出来的商业精英才能够达到的水准，这样的体量放到一个为期 1~3 天的企业培训班里，显然太复杂和厚重了！

实际上，企业级案例不是不能达到这样的体量，像我们稍后要展开探讨的华为青训班（青年管理干部特训班）的案例演练贯穿一周五天，案例材料有接近 200 页。但是绝大部分情况下，案例不必太过复杂，只要对准核心应用场景，篇幅大小不是问题，不必过于追求形式上的复杂，对于企业应用短小实用才是王道，**"繁复如风，终将消散；简约如石，历久弥坚"**。

案例教学有哪些核心应用场景呢？

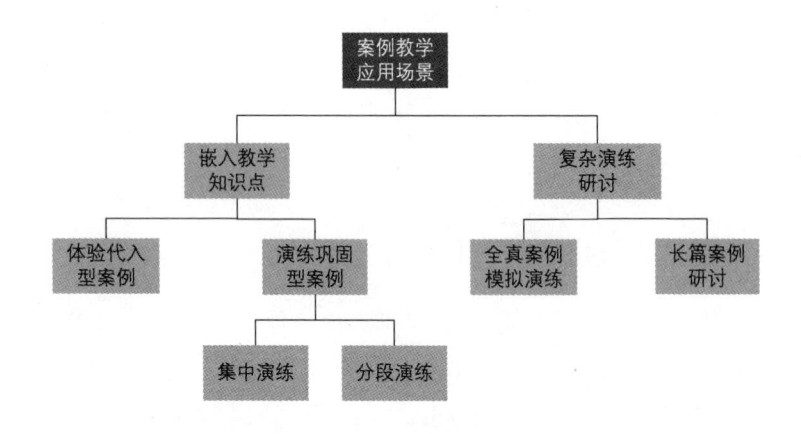

```
                    案例教学
                    应用场景
                   ／        ＼
              嵌入教学          复杂演练
              知识点            研讨
             ／    ＼          ／    ＼
        体验代入   演练巩固   全真案例   长篇案例
        型案例    型案例     模拟演练   研讨
                  ／    ＼
              集中演练  分段演练
```

图 7-1　案例教学应用场景分类

我认为应用场景首先分为两类，一类是嵌入教学知识点的案例教学，另一类是复杂演练研讨型案例教学。

嵌入教学知识点的案例是指案例在这里是服务于某个知识点的引入、讲解或演练的。也就是说，在这种情况下，知识点的教学是主，案例为辅。比方说我们要教学员结构化思维公文写作中的金字塔原理，讲解完知识点后，就需要给他们提供一个案例。案例需要来自于工作当中或组织内的真实场景，比如领导布置的一篇通讯稿或者简单的工作汇报、项目小结等，这样的案例用于练习之前学到的金字塔原理和要点如何落实和体现。再进一步，我又把嵌入教学知识点分成两种情况：一种是体验代入型案例，另一种是演练巩固型案例。

体验代入型案例是指在课程开始和导入环节，为了激活学员的兴趣，让他们对内容产生共鸣，通常会提供正面的成功案例或负面的遗憾案例。比方说，在给销售学员讲述客情关系的重要性时，为了避免直接空谈大道理，我们可能会先放一个小王的真实案例，他因为没有正确而深刻地理解客情关系，关键时刻被客户抛弃，使客户资源白白给了竞争对手。这样的案例一下子就能引发学员的共鸣，从而意识到客情关系的重要性。

演练巩固型案例是在讲完重要的知识点后，提供一个有头有尾、有背景、有场景、有具体挑战的案例，让学员基于案例演练所学知识点。比方说，在销售数据分析、项目沟通或绩效面谈等内容的教学中，需要提供真实场景的案例进行巩固演练。

在演练巩固型案例中，根据案例的使用方式，我又将其分成了集中演练型和分段演练型。集中演练型是指一次性把案例从头到尾讲完，然后再和学员互动，引发思考；分段演练型是在案例讲解过程中，每过一段进行阶段性的交流和研讨。

最后，再说一下**复杂演练研讨型案例教学**。在这种情况下，案例自成一体，独立作为整个教学的核心载体。与上述嵌入教学知识点作为辅助的情形不同，教学过程完全围绕案例的发展脉络展开，比方说 To B（To Business，对企业）或 To G（To Government，对政府）的销售项目过程非常复杂且漫长，学员通过全景式体验代入，围绕真实案例中的问题进行分析、讨论，最终输出解决方案。

全真案例模拟演练和长篇案例研讨的区别在于，前者以真实案例为载体做真实工作任务演练和模拟，譬如在投标环节，基于案例情景和信息模拟完成一份标书，长篇案例研讨则侧重于思辨和研讨，理清依据和原则，通常不涉及具体该怎么干。

首先来剖析全真案例模拟的情形，在这种情况下，学员要围绕一个真实的案例发展过程中出现的问题进行演练。假设他就是案例当中的主人公，碰到类似的问题，他和他的小组将如何去处理，如何按照真实工作的要求去输出一些必要的文档，例如解决方案演示文稿、投标标书等，接受考核和评估，这样才能确保他的学习是有系统性和完整性的，能对端到端的销售过程形成深刻的理解。

全真案例模拟演练的典型例子就是华为的青训班，集训环节的5天时间大部分用来进行案例角色演练，案例完全来自前2年的真实项目。华为大学对案例进行了知识萃取和教学改造。整个演练围绕项目管理、财务经营、人力资源管理三条业务主线（如图7-2所示），提

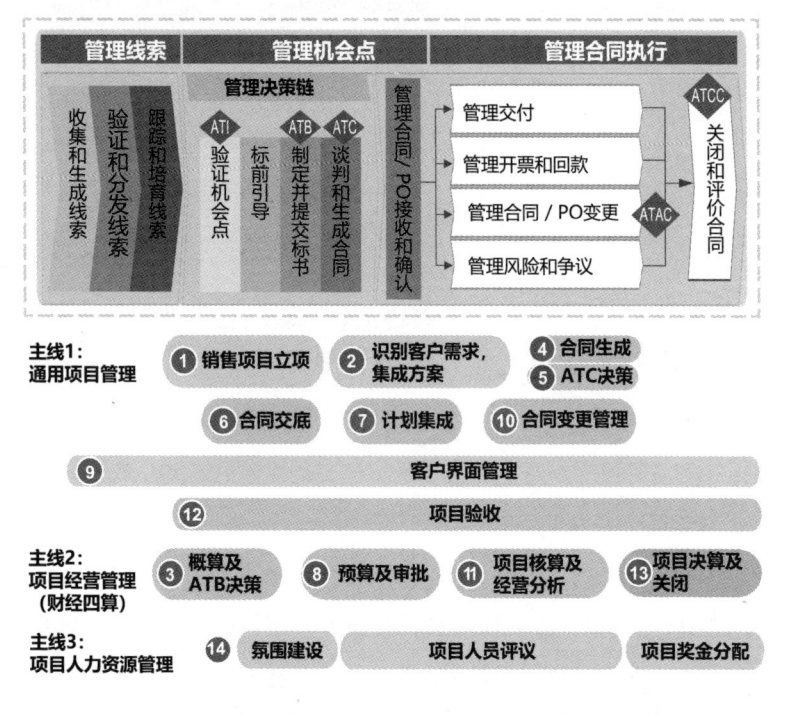

图7-2 华为青训班案例演练主线及业务节点

炼了 14 个关键业务节点，学员就这些主题展开激烈的研讨和演练，过程中会有教练点评和精华知识点的讲解。

图 7-3 是业务节点 1 销售项目立项当中的一个演练点，图中明确列出了输入的材料，包括该阶段案例背景材料和立项要用到的两个模版，输出则包括填写这些模版，及完成立项陈述角色扮演，单单是这样的一个演练可能就要花费 70~90 分钟，还是比较耗时的。

```
1-演练2：组建项目团队，明确项目目标和策略，申请立项决策

角色扮演：
·一组扮演代表处销售项目团队，一组扮演地区部领导团队。
·其他小组学员组成观察员团队。
活动任务：
·阅读输入材料：案例中"项目背景信息+项目立项阶段"信息（5分钟）。
·各小组讨论输出：销售项目立项任命模板、ATI报告模板（20分钟）。
·随机抽取两组，其中一组扮演代表处销售项目团队（角色包括PD、CC3、代表、销售副代表，产品副代表等），一组扮演地区部领导团队（角色包括地总，运营商业务部部长，运营商解决方案销售与MKTG部部长等），未抽取到的小组做观察员；找资源进行角色分工准备（5分钟）。
·演练向地区部领导团队汇报项目立项与项目组任命情况（20分钟）。
·观察员团队对演练的过程及结果进行点评，总结TOP3的亮点与暗点（10分钟）。
·点评（10分钟）。
时间：70分钟
```

图 7-3　青训班演练点引导要点示例

为支持案例演练，华为给参训学员提供了一本完整的学员手册，里面仅仅涉及的案例文本和工具模版就达到了 200 页左右。

也正是因为华为青训班对准了学员转身的场景需求，加上精工细作，在 5 年左右的生命周期里，一直广受一线认可和好评。配合集训前期的在线自学，后期的落地实践和答辩考核，紧密围绕作战

主题，青训班最终实现了人才的锻造和输出。

与模拟演练案例更加侧重于技能和实战任务的模拟训练不同，长篇研讨案例更加侧重于高管的抽象理念和原则研讨，比方说战略、创新思想、企业等，适合通过案例研讨进行深入碰撞和交流，整个教学的过程也是以案例为核心载体。这方面的典型例子就像我们开篇提到的那家跨境电商企业，通过抓取企业成长发展当中的典型事件，带领企业核心管理团队对企业的识人、用人进行了复盘。

总而言之，案例教学要对准不同场景有的放矢地开展，既没必要追求高大上导致过于冗长复杂的篇幅，也要避免把它跟我们前面说的举例教学搞混，深刻地体会和把握到底案例教学用在哪种场合最合适。该简单简单，该复杂复杂，这样才能把它的价值发挥到最大。

另外，我们也看到，一味追求案例的复杂和宏大还会带来另外一些问题，那就是偏离有些技能和赋能点训练的本质。就像我们在第五章当中所讲到的，以领导力的训练为例，训练的本质恰恰是围绕管理者在一些比较细微的决策点上评估情境，做出决策，这时，就要求案例的关注点必须放到细节上，去还原和打磨细节，这样才能够发挥效用。更不必说案例过于复杂，还会给内部培训师带来巨大的挑战和压力，所以，案例绝不是越长越复杂越好。

误区三：混淆自学案例和教学案例

案例开发出来后，有两种最基本的应用场合，一种是自学案例，指案例放在各种案例集和工作指南、实战手册中，或者通过在线平台推送给学员，让他们自己阅读学习；另一种是教学案例，指案例放在线下或在线虚拟课堂上，由老师引导着一步步理解、交流、研讨。

在这两种场合下,案例的构成要素是类似的,都需要有案例的背景、经过、具体问题点的挖掘和总体启示等内容。然而,呈现的方式却有很大不同。自学案例中,学员无法与他人互动,因此案例会一次性呈现所有信息,可能会放一些思考题,但无论如何,整个案例中的问题和解决方案都会直接提供给学员。如果不是这样,学员将无法得知案例中问题的最终解决思路和方法。

而在教学案例中,我们通常会先隐藏部分答案和背后的方法,只呈现具体问题,希望学员通过个人思考或小组讨论,提出自己的看法和对策,然后在此基础上,提供建议或专家的做法作为参考。

在现实中,有些企业因为分不清自学案例和教学案例,花费大量精力开发教学案例,但在使用过程中却当成了自学案例,导致未能真正发挥案例的作用。他们将起因、经过、结果一次性全给了学员,导致讲师的教学过程只是读案例,学员被动听案例,双方失去了交流和探讨的空间。

案例教学是中高层团队学习的首选方式

中高层管理者的培训,一直是很多企业的难点。特别是高层管理者,他们眼界开阔见多识广,很多都上过 EMBA(高层人员工商管理硕士)的课程,加上学习能力强,善于反思和总结,因此知识性的课程已经很难适应他们的学习需求。而公司的经营挑战要求这些中高级管理者,不仅仅要掌握知识,而且要能够在真实情境的挑战中,应用自身的经营决策能力解决问题,活学活用,这就需要应用情境教学（在实际工作情境中训练和学习），原因有三个。

第一个原因，其他学习方式往往费钱费时而效果却不尽如人意。例如，这些年来最流行的情境教学方式是行动学习和绩效改进。这些学习方式的本质是让学员把解决问题的任务带到实际工作中，与业务问题结合，这样不就能真正看到学习的效果了吗？道理很简单，但是实际操作起来却困难重重。这些方式的副产品就是给学员留作业，让他们在工作中解决问题。

以行动学习为例，绝大多数做过行动学习的培训管理者都会苦恼于这一现象：各小组只有组长在忙活，组员不怎么参与。大家不投入所以成果很虚，只能靠最后突击"包装"应付成果汇报。这是因为现代的企业管理者都非常忙碌，如果要保证他们在工作中更好地参与行动学习，需要强有力的培训过程管理。对于培训部门来说，往往只能有效管理课堂中的时间，学员一旦离开课堂则难以有效管理。对于高管更是难以管理他们的课堂外时间。

因此，企业需要找到一种方法，既有情境学习的效果，又能够有效管理和控制风险，案例教学就是不二之选。

第二个原因，案例教学能够深刻反映组织的实际情况，因为它可以直击管理者在日常工作中面临的核心挑战和决策点。与外部的标杆案例相比，经过精心设计开发的内部案例来源于管理者熟悉的环境和现实问题，能够更好地引起共鸣。

华为的案例教学就充分体现了这一点。华为的管理层在案例教学中，借助内部积累的成功与失败的真实案例，不断反思和总结，提升决策能力和组织效能。数据显示，在引入内部案例教学后，华为的中高层管理者在问题解决和战略执行方面的有效性显著提升，团队的凝聚力和执行力也得到了进一步的强化。

第三个原因，案例教学能够在较短的时间内实现高效的知识传递和经验共享，避免了时间和精力的浪费。通过精心设计和开发的内部案例，企业不仅可以保留和传承组织智慧，还能有效提升管理团队的整体素质和应对复杂问题的能力。这种学习方式远远超过传统的学习方式，效果是有目共睹的。

因此，对于企业中高层管理团队而言，案例教学，特别是基于内部真实情境的案例教学，无疑是最为实用和有效的学习方式。它不仅能够帮助管理者更好地理解和应对复杂的管理挑战，还能通过深度的讨论和反思，促进组织的持续成长与变革。

当然，这里的前提是企业HR和培训部门要具备足够的专业性，且花费足够多时间，设计开发质量过硬的案例，还必须经过专业的案例教学训练，而不是用错误的认知和随意的态度对待案例教学。物理学家霍金曾说过："知识的最大敌人不是无知，而是对知识的幻觉。"

案例教学5步法

消化案例：对案例进行充分的解读和吸收，厘清关键主旨和教学目标。

设计提问：根据教学目标，设计层层递进的研讨问题。

呈现案例：有吸引力且高效地将案例呈现给学员，明确研讨要求。

引导研讨：引导学员围绕研讨问题深入思考并交流。

总结点评：对研讨过程的发言进行回顾总结，升华核心方法论。

这个案例教学五步法是我根据自己辅导企业的经验，结合华为的五步法提炼总结出来的。它是案例在教学过程当中的指导，分为五步。

第一步是消化案例，这个环节主要是我们的讲师或案例引导员在备课时对案例进行充分解读和吸收，搞清楚关键的教学点。这要求讲师必须要提前阅读案例文本，了解每个案例需要带出的核心教学知识点、逻辑是什么，以免在教学时把学员带偏，还需要核对案例中的细节，特别是重要的数据和前后逻辑对应，以避免被学员挑毛病。这本来是基本要求，但我发现很多企业的内部讲师对此并不重视。因为现实中，开发案例的人和最终使用案例进行教学的人往往不是一个人。开发案例是由大学或企业的培训部门或HR完成的，而授课一般是由业务专家来进行的，很多业务专家由于工作繁忙，可能没有时间去充分理解和消化这个案例，这样在授课现场就会出现很多问题，也会让学员觉得老师敷衍了事，收获感不强。

我在一家企业辅导他们进行案例教学时，为了让业务专家重视这个问题，专门做了一个测试，当即点明了A、B、C三位业务专家，请他们就同一个案例分别讲述他们理解的案例主旨，该案例想带出什么样的要点。让人惊讶的是，三个人给出了三个答案，而且都与案例设计的教学点有很大差异。这之后他们才意识到这是一个需要重视的问题。

第二步是在消化案例的基础上设计层层递进的研讨问题。这分为两种情况，一种情况是案例中的提问已在前期案例开发时设计好，那么只需按照设计好的问题实施即可。

另一种情况是案例前期开发时没有设计问题，需要老师设计或优化提问。这里的要点是，第一，提问要环环相扣，导向核心教学点；第二，提问需由浅入深，由易到难；第三，提问必须非常清晰明确。以下三种极为常见的案例教学提问，你觉得哪个比较清晰明确？

- 这个案例告诉我们什么？
- 我们从这个案例中可以学到什么？
- 这个案例的做法好在哪里？问题在哪里？

我的看法是这三个问题相都不够清晰明确，因为它们问得很含糊，可以从很多方面进行回答，没有明确提示学员要从哪些方面展开思考和回答。正确的提问方式应类似于：

- 在这个案例中，小王做了哪些准备？
- 客户提出了哪些疑虑？小王又是如何解答的？
- 客户有哪些需求没有得到满足？
- 这个案例在理解和挖掘客户需求上给我们实际工作带来哪些启示？

像这样由浅入深逐层推进的提问方式，学员比较容易跟上老师的思路。

前文案例分类中我们讲了演练巩固型的案例，通常可以分成两种演练模式，一种是短案例的集中演练，一种是分段演练的模式。集中演练的提问方式比较简单，基本是针对背景加挑战，问学员会怎么做，再有就是展示完案例做法，问对学员的启示，如何举一反三。

分段演练的有效提问思路是"**开篇问挑战，分段问对策，结尾问启示**"。

开篇问挑战，就是先呈现案例的背景，然后请学员预测主人公将会遇到的挑战。这样做的好处是让学员更好地进入状态，也可以让他们有更强的代入感，将已有的知识与案例情境融合。

分段问对策，就是一段一段地呈现案例中的问题和挑战，每段都问："如果你是主人公，遇到这样的问题，你会怎么处理？"这样学员的思考就会比较深入。

结尾问启示，就是等学员对整个案例有了全面了解后，再问启示是什么。我有时也会问："这个案例中值得学习推广的地方在哪里？哪些地方可能与我们的实际情况有差别？"鼓励学员去推敲案例的适用边界和条件，而不是将案例一概视为放之四海而皆准的范例。这样做会让学员觉得更加真实可信，也能激发他们提出新的想法。

第三步是案例的呈现，这又是一个非常简单但很容易被忽视的部分。

我发现一些企业的管理者在讲课时，喜欢把案例放在 PPT 上，从头到尾给学员读一遍。这种做法有非常明显的弊端，首先，效率低。人朗读的速度一般较慢，而学员看屏幕的速度较快，学员可能只花了 1/3 的时间就把整个案例浏览完了，老师却还在读。其次，这种方式显得非常呆板，学员被动地听，过程枯燥，没有主动的投入、参与和思考。

正确做法是在 PPT 页面上仅仅放置案例的概要和学员需要思考的问题，并配上一些图片，将案例文本作为单独的学习材料提供给学员，让他们自主阅读和学习案例，围绕思考问题和待完成任务进行加工。这样老师就不用费力地读案例，尤其是案例较长时，老师根本无法读完。这样学员能利用自主学习时间提高效率，老师也不用把精力浪费在读案例上，可以切换到学员需要完成的任务和思考的问题上。

在呈现案例时，还需要注意一点，在我的案例教学和演练项目中，我会向客户强调，案例当中最好配搭植入课堂上我们教给学员的思考框架或工具模板，这样在呈现案例时，就会提示或强制学员使用这些框架或模板进行思考输出，这等于是对课堂讲授思考框架或工具的巩固运用。不使用我们的工具，学员容易在演练时回到自己的惯性思路，仍然用自己熟悉的方式去练习，等于把习惯性错误又做了一遍，这样就失去案例演练的意义了。

我们协助某家消费品企业设计的绩效管理课程，他们的绩效目标谈话案例演练中我们希望学员用上前期提炼萃取的"说—明—问—定"四部曲，就专门设计了图7-4所示的目标谈话准备模版。

任务二： 进行绩效目标谈话，四步骤"说一明一问一定"		
● 根据绩效目标谈话四步骤，与潘叔完成绩效目标设定谈话，最后能达成共识，明确绩效改进目标和行动计划。		
步骤	关键点	你打算如何表达？
说目的 去除误解	• 说明谈话目的是什么	
	• 公司和大区有什么流程和规定	
	• 你的初心是什么	
明差距 聚焦机会	• 他的绩效情况怎么样？展示相关数据	
	• 他的执行KPI怎么样？展示相关数据	
	• 其他相关指标的差距（如有）	

图7-4 某企业绩效谈话案例演练工具模版示例（节选）

在为某通信设备企业开发解决方案销售模拟演练课程中，为了支持"客户难点信息获取和验证"的演练，我们把前期提炼萃取的表单作为演练工具，提供给了学员（如图 7-5 所示）。实践证明，学员还是非常欢迎这种方式的。这让大家的思考有了一个脚手架，大家浪费在构思答题模版上的时间也大幅减少。

信息分类	难获取信息	收集渠道	验证方式（多方/交叉）
看网络	网络故障		
	网络隐患		
	现网 KPI/性能		
	现网用户/流量分布		
	网络拓扑		
	网络设备厂家/型号		
看客户	客户采购价格		
看对手	对手历史商务报价及签订时间		
	对手方案和客户态度		
	对手扩容价格		

填表说明：
表中已经罗列出了项目执行过程中较难获取的信息分类，对于这类信息，请思考讨论，一般通过什么渠道可以获得该类信息？对于从各个渠道获得的信息又如何验证其准确性和真实性？

图 7-5 某企业解决方案销售模拟课程难点信息获取演练工具表单示例

第四步是带领研讨。这部分是引导学员在相互启发的环境下进行讨论，不仅是与老师讨论，更重要的是让学员之间互相讨论，分享观点，在思维观念共享的基础上，做到求同存异，找出解决问题的办法。

好的课堂案例研讨标准是：广、深、同、创、容。

广是指参与的学员要广泛，大家都踊跃发言；深是指讨论要深入，不能浮于表面，甚至可以挑战案例中的假设，从反面展开思考；同是指要合理继承前一位发言者的看法，而不是只顾自己发言，对其他人意见充耳不闻；创是指要提出创新性的想法和备选方案，而不是随大流；容是指要创造出一个环境，让学员们公开、礼貌地表达不同意见，承认可能存在的问题，重视多样化的意见。

最后是总结点评。研讨结束后，学员们各抒己见，这时讲师需要总结大家的发言，帮助他们归纳要点。我认为总结点评可以分为三个层次，第一个层次是总结要点，归纳学员在案例研讨中发表的核心观点，指出共性和差异，这是一个基本要求。

第二个层次是说明疑点，帮助学员掌握举一反三的方法和正确的方向。这可以分成两种情况。第一种情况是有些研讨的问题没有清晰的政策导向，也就是说它没有所谓的"标准答案"，这个时候只要跟大家说明思考框架、原则、底线、红线等需要注意的事项就可以了。希望大家多元思考，我们包容不同的意见，意见没有绝对的优劣。第二种情况，我们探讨的某些问题有明确的政策导向，这个时候讲师就要说明公司的政策要求，但最重要的是要讲明背后的那个 Why，这样才能得到大家的理解和认同。这个层面我认为是进阶的层面。

第三个层次是激发燃点，这是我们应努力追求的目标。虽然不一定每次都能实现，但目标是能在更高层面上启发学员，点燃他们的热情，使他们有发自内心的触动，从而更有力地转化落实到行动当中。

一次，我在一家啤酒企业讲课，一位资深的销售经理很喜欢侃侃而谈，而且每次其他人发言他都会起来评头论足一番。虽然他的发言很有见地，却让其他伙伴不舒服。终于，在一个案例研讨环节，他的补充发言惹恼了前一位发言的伙伴，两人几乎要在课堂上吵起来。在总结讲评环节，我首先肯定了他善于思考、勇于分享的优点，他的发言让整个课程增色不少，随后我跟他说，老子在《道德经》中说："上善若水。水善利万物而不争，处众人之所恶，故几于道。"意思是，最高的善就像水一样，滋养万物而不争功，与世无争却默默地发挥着巨大的作用，所以更好的发言应该像甘霖，滋养其他人的思考，而不是一团烈火，烤的人睁不开眼。他听了我的讲评，有些不好意思但没有作声。下课时他找到我表示这次课戳中了他的认识盲区，自此他的表现谦和了很多，再上课时他的分寸感也明显提升了。

以上是案例教学的一些基本要点，展开的话还可以讨论很多。**教学设计是科学，但教学本身是艺术**，这里面有很多经验和技巧值得在实践中探索。

老师做好引导的精髓在于状态和聆听

案例可以是死的也可以是活的，这取决于讲师如何提问和引导。关于如何提问，我们可以借助ORID或问题能量金字塔来完成。

ORID，也叫焦点呈现法（Focused Conversation Method），是一种聚焦引导对话的方法，通过从实践、感受、分析到自然得出相应的结论的过程。包含以下几个方面：

O 代表 Objective，客观性问题，指的是现实，客观。可以是资源、想法、手头发生的事情，听到的声音等一切客观的存在。这意味着案例教学，你可以先从事实类的问题起步，例如"刚才案例当中哪些细节大家印象最深？哪些对白或心理活动你印象最深？"

R 代表 Reflective，反映性问题，指的是感受，感悟。客观事物对你内心的影响如何，激发了你什么样的思考。例如"刚才这个案例里，小王的遭遇你是否有共鸣？最后他愤而离职的时候，你的感受是怎样的？"

I 代表 Interpretative，诠释性问题，指的是解释，分析。通过逻辑推演，内心做出了什么决定，来应对客观的外在事物。这里就是我们常用的"这个部分，你得到了什么启示？这对我们做绩效面谈有什么借鉴参考价值？"

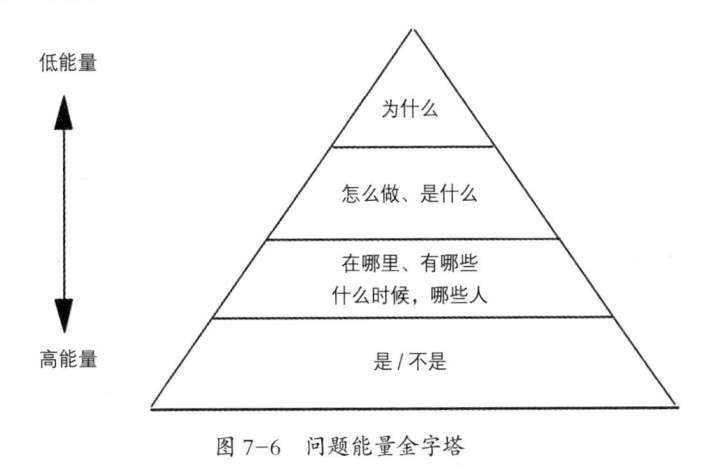

图 7-6　问题能量金字塔

D 代表 Decision，决定性问题，指的是结论，将要采取的行动。把内心的决定，体现在了你个人的行动上。比如"我们回到工作岗位上，如何贯彻和应用这一原则？这个案例中小王的遭遇要求我们在做类似绩效面谈时，做到哪些要点？"

问题能量金字塔分了四个阶梯对应四类问题，越往上能量越高，越容易引发学员更深层的思考，但其思考和回答的难度也越大，越往下正好相反，越容易回答，但其触动反思的能量也越低。

但这些都是术，道是什么呢？道是老师的内在状态，什么叫内在状态，我们来看一个案例。

案 例
拥有更好知识武装的MBA学生

2013年，我在一家知名外企工作，当时我的一个下属正在一所国内顶尖的商学院读中外合办的MBA项目。有一天他跟我抱怨MBA一堂课折算下来价值不菲，但他却感觉不怎么值。原来，他们前几天的战略课上，老师分享了迈克尔·波特的五力模型，并给了一个案例，希望大家用五力模型去分析这个商业案例。大家正要开始，哪知一个同学从后排站起来说："老师，我提个问题，不知道您最近有没有留意到一条新闻，迈克尔·波特先生自己创办的咨询公司摩立特（Monitor）前不久倒闭了，而且，现在已经是互联网时代了，而五力模型诞生于工业时代，主要是工业经济时代产业宏观分析的框架，您觉得在这样的背景下，五力模型还有应用价值吗？"

听到这个问题，所有同学齐刷刷地把目光投向了老师，期待看老师如何回答，而老师显然没有预料到学生会提出这样的问题，可能他也没有关注到当时那个新闻。老师愣了一会儿，现场气氛有些尴尬，他急忙解释说："同学们，这个摩立特的事情，我们是局外人并非知情者，我觉得咱们还是回到课堂上，讨论要分析的这个案例。"那位同学只能悻悻地坐下。我下属告诉我，从那一刻起他能感觉到很多同学都放弃了继续跟随老师学习的想法。

听到这里，我说："学员提问其实不是一件坏事。如果是我的话，我可能会借力打力。"下属问："那领导，你怎么借力打力呢？"我说："很简单，尽管没准备，但我会先肯定一下这个学员，感谢他敏锐地捕捉到了这一信息并分享给大家，然后我会调整教学节奏，让同学一起来关注一下这个问题。把这条新闻找出来，请大家现场分成若干小组，组内探讨一下五力模型在当前的时代背景下是否还适用。"

下属听完后很惊讶："领导，还是你高明，你这样处理的话，正反都是你立于不败之地啊，让学员以自己的矛攻自己的盾。"我笑了笑说："这不是我高明，而是作为老师，在现场应有的一种状态。你是把提问的学生当成调皮捣蛋的对象甚至敌人，还是当成你的伙伴、你的资源，这决定了你之后应对的行为方式。"

这就是我所说的内在状态在老师教学过程中起的作用。如果老

> 师有一种开放包容的心态，让自己始终保持好奇心，那么他就始终处在一个学习的状态，就好像黑夜中无论外面是静谧夏夜还是狂风暴雨，楼上窗户始终开关打开亮起一盏灯，总是让人感觉温馨明亮。老师的开放状态也更容易激发学员的状态。反之，如果老师把自己包裹起来，他就处在一个封闭状态，就像那个房间始终大门紧闭，黑灯瞎火，那么很多风吹草动对他来说都是对课堂的干扰。

图 7-7 案例教学中老师不同内在状态的隐喻图

知名教学和领导力专家田俊国老师讲过一句话**"老师是站着的学生，学生是坐着的老师"**。我对此深表赞同，他所说的老师的两种基本状态，学习态和批判态，跟我上面的观点也是类似的。田老师进一步把老师的状态准备概括成"慈、雄、对、觉"四个字。

"慈"就是慈悲心，也就是老师要有使命感，不能仅仅把教书育人当成一份职业，完成任务；"雄"就是要有雄心和信心，这来自于扎实的专业功底和内在的"自洽"；"对"就是保持对话的状态，避免以自我为中心滔滔不绝地说教；"觉"则是觉察态，要时刻觉察课堂，觉察学员，觉察自己的内在状态。

这其中我认为觉察是最重要的起点。老师在课堂的五样基本功课中，听、说、问、答、评，听可能是被关注最少的，而有效积极的聆听恰恰是最重要也是最难的，完全可以说**"觉察是状态的起点，而聆听是觉察的起点。"**

有一次，我在一家大型国有企业给一群青年管理骨干上课，上课的主题就是管理案例开发，可能是前段时间他们的工作比较忙，大家都比较累，当天课堂气氛比较沉闷和冷淡，大家没什么回应和声响，偶尔还能听到他们的抱怨，发言和讨论的问题大多与课堂内容无关。说实话，当时我内心的感觉很不好，有两种声音在打架，一个声音告诉自己：难道是我讲得不好，他们提不起兴趣？转念一想，学员不愿意学就别强迫他们了，对得起课酬把这堂课交差就行了。但另一个声音又响起来：可是，他们为什么会是这样一种状态？这个责任不一定是在我自己身上，我先别急着自责。想到这里，我顿了一下，对他们说："同学们，我不知道你们有没有注意到，现在课堂气氛比较低迷，大家似乎都不太投入。我想既然大家坐在这里，还是希望这堂课能给大家带来收获，不至于浪费大家的时间。我有一些猜测和判断，但在此之前，我真心想了解一下，有什么特别的原因吗？"

可能是看到了我的真诚，这时后排一个同学站起来说："老师你别介意,我们最近工作比较忙,再加上这次上课,我们有些人是被摊派过来听课的,听说还要交作业,所以难免有些不乐意,并不是针对您。"我这才恍然大悟,我先表扬了这个学员的开诚布公,并安抚大家,让大家尽量调整好状态,既然花费了时间坐在这里,不如一起营造一段有意义的学习旅程。接下来我也采取了一些方式,更加频繁地调动学员,把一些问题拆解得更细来做精细化互动。比如:"刚才的这个观点,认同的小伙伴请大拇指向上,不认同的大拇指向下,不可以骑墙。"接下来请两方分别陈述理由。就这样,在我采取了一些劝慰和干预的手段之后,课堂气氛越来越热烈,最终上课效果出奇地好。

这段经历中,如果不是中途聆听到自己的声音,我就不可能觉察到需要做出改变,也就可能在不知不觉中把自己放到学员的对立面上,所谓"世上本无事,庸人自扰之"。

所以,案例教学要想达到更好的效果,老师的状态是一个重要因素。就像一锅佛跳墙,食材是上好的食材,汤料是地道的汤料,但煲得不到火候,最后的味道还是一言难尽。而这火候很大程度上就来自于老师的内在状态,这种状态一部分来自于自己的心态调整和觉察能力,还有一部分则要来自于平时持续不断地内在修炼,就像《大学》开篇所言:"大学之道,在明明德,在亲民,在止于至善。知止而后有定,定而后能静,静而后能安,安而后能虑,虑而后能得……自天子以至于庶人,壹是皆以修身为本。"

案例是一个载体,学员在情境中实现建构,老师在觉察中完成激发,既自我激发,也激发学员。

第八章

效能倍增：机制 +AI 驱动案例运营

前面我们主要谈了案例在华为的 6 大应用场景，以及萃取、开发、教学的具体技术方法，希望这些内容能够打开你的视野，让你意识到看似小小的案例，其实有很多应用的场景和门道。然而现实情况是，很多企业辛辛苦苦开发出来的案例，其归宿不是在应用中创造价值，而是堆在文件柜里吃灰。让人唏嘘的同时，我们就不得不思考，生产加工完毕后如何用好案例呢？答案是必须由零散的案例走向案例库和案例体系。

本章我们先来看看华为是如何建设和运营案例库的，然后我来拆解一下如何激励专家生产案例，如何确保案例的流转和应用，最后结合大模型 AI 时代，展望未来 AI 赋能的案例生产和案例库。

华为案例库建设的思路和启示

首先我们来看一下华为案例库建设的大致历程。

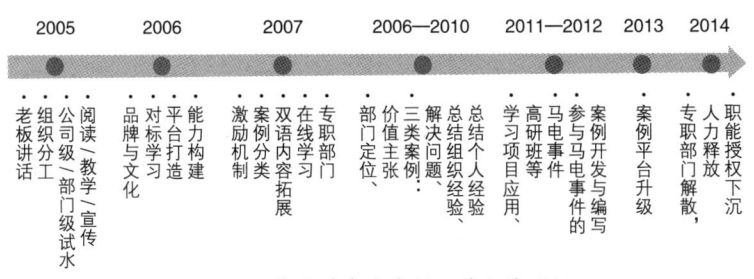

图 8-1　华为前中期案例工作发展历程

2005年华为大学成立。刚成立时因为任总的讲话，公司和大学高度关注案例，华为大学按自己的理解开始承接部分案例的开发工作，当年开发了一些公司级和部门级的案例，在内部进行阅读教学和宣传。

2006年，看到这项工作很有价值，于是华为在公司内部搭建了一个简易IT案例平台和案例库，不断倡导案例文化，还邀请了哈佛、毅伟商学院，清华、北大等高校商学院的教授来分享他们如何做案例开发。

2007年是关键的一年，公司引入了两个非常重要的机制，决定了案例库的建设开始提速：第一个是晋升机制，员工要晋升时就需要案例，比如项目经理要从3级升4级，必须通过案例作为举证材料，说明具备何种晋升条件。第二个机制是在年底的绩效考核中，对管理者、专家、骨干等有5%的考核因素叫组织回馈。组织回馈指的是员工对公司的知识回馈，最常见的是讲课和案例，因为讲课在公司内部的机会没那么多，所以案例成为主要方式。

这两个核心机制的引入，让写案例成为组织行为，因此案例的数量大大增加，当年也成立了专门的部门来承接案例开发的工作。

2008年至2010年，案例开发工作不断完善并增加成果。比如当时华为大学的核心定位和价值主张中有一条是与经验萃取和案例开发相关的，叫作"组织过程、知识资产的积累与复用"，谈的是以案例方式积累和复用经验。

2011年至2012年，这个过程中也形成了多种不同案例，包括用于公司内部培训班中的案例，其中最有代表性的是高研班（高级管理干部研讨培训班）的案例。同期，马电事件爆发，华为大学抽调专家整理了马电事件,并形成写实案例《我们还是以客户为中心吗?》,全文在《华为人》和公司内网发表。

2013年,案例平台进行了升级,从一个传统的知识管理和存储平台变成了一个类论坛式的偏互联网运营方式的平台。

2014年,华为大学下属专职部门解散,因为各业务部门和HRBP(人力资源业务合作伙伴)已经大体具备了案例开发的能力,只留下1人专门负责整个案例库平台的运营和维护。2014年一年新增的案例数超过了11000篇,当时华为的员工总人数是16万,整体来说这个案例中心的阶段性使命结束,运作还是很成功的。

从华为的发展历程来看,我们会发现华为是稳扎稳打、稳步推进的思路,虽然有任总尚方宝剑在手,但并没有急于摊大饼、上规模,反而是一点点先做出实效,再根据需求设置部门和扩大影响。另外,华为既重视能力建设,又重视机制保障。最后,华为善于跟公司热点事件关联,从而不断树立案例库和案例中心的口碑,如果你看过我的《华为训战》就知道这跟2013—2014年训战的打磨和推广思路如出一辙,非常符合华为这家企业的作风和特点。

华为还有一点值得学习,他们很早就对案例进行了清晰的分类和定位,分成了个人案例和组织案例。任何公司建设案例库都会发现个人案例是数量最大的部分,但个人案例普遍存在质量参差不齐的问题,可能80%以上的个人案例价值都不够,但是它们是基座,没有数量就没有质量,没有个人案例就更不可能有组织的案例文化,这是案例建设必经的阶段。当然,只有个人案例显然是远远不够的,于是公司开始逐渐重视和打造组织层面的案例。

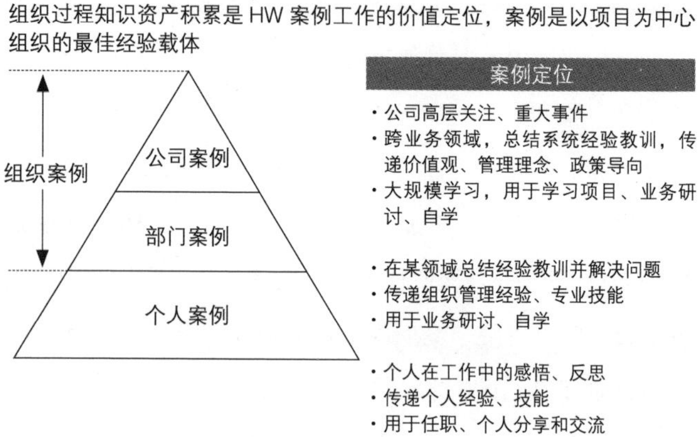

组织过程知识资产积累是 HW 案例工作的价值定位，案例是以项目为中心组织的最佳经验载体

```
                    案例定位
      公司案例    ・公司高层关注、重大事件
                  ・跨业务领域，总结系统经验教训，传
组织              递价值观、管理理念、政策导向
案例  部门案例    ・大规模学习，用于学习项目、业务研
                   讨、自学

                  ・在某领域总结经验教训并解决问题
      个人案例    ・传递组织管理经验、专业技能
                  ・用于业务研讨、自学

                  ・个人在工作中的感悟、反思
                  ・传递个人经验、技能
                  ・用于任职、个人分享和交流
```

图 8-2　华为案例分层分类示意图

在华为，组织层面案例分为两种：公司级的和部门级的。部门级案例是围绕某一个专业领域、项目或团队去开展的，而公司级案例是公司高层关注的重大事件。组织案例最大的价值在于它不只是让员工去自学，而是要让他们进行深度研讨，或用于课堂教学。我们在前面所列举的应用场景，其中很大部分是部门和组织级的案例。

个人案例适合于员工自发创作、分享、交流，体量较轻。组织案例是基于公司的痛点、难点，有组织有计划地提出需求，它不可能是员工开发的，而往往是由华为大学、业务部门和项目组共同牵头、研讨、总结的。这样的案例才能转化为可以在内部学习、研讨和复用的精品案例。

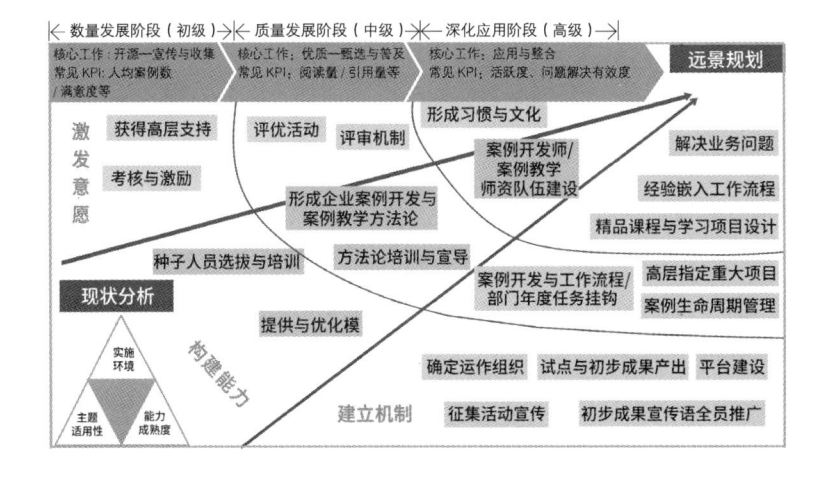

图 8-3 华为案例体系打造三阶段模型（根据石超老师分享资料整理）

上面我们简单介绍了华为案例库和案例组织的建设历程，也介绍了华为对案例的分类管理，个人案例和组织案例两翼齐飞。这里我觉得还有必要整体回顾一下华为案例库建设的每个阶段和各个阶段的中心思想。曾经在华为案例中心工作的石超老师提出一个三阶段模型，他认为整个案例库的建设过程分为 3 个核心阶段：初级、中级、高级。

初级是数量先行，中级是质量发展，高级是深化应用。过程中，贯穿始终的 3 个核心模块是激发意愿、构建能力、建立机制。

这三个模块都有具体的对应活动，在初级阶段的激发意愿方面，高层支持至关重要，考核与激励的牵引也很重要。同时还要构建能力，例如提供早期的案例模板，对案例开发、教学等种子人员的培养也需要同步关注。建立机制方面，初期不一定要配置很多人手，但必须要确定责任部门，开始在试点与初步成果产出中摸索机制，开启平台建设，并对初步产出的成果进行广泛的宣传与推广，获取一线和相关人员反馈。

这一阶段，可考虑的核心 KPI 是总案例数、人均产出案例数、案例浏览量、员工和干系人对案例的满意度等。

而在质量发展中期，激发意愿方面，可以开展评优活动，需要在更广泛的人群范围内建立带有荣誉的评审机制，以保障案例的把关和评审。在构建能力方面，要形成公司内部相关的经验萃取或案例开发的方法论，并用于内部培养和师资培训。建立机制方面，最好能够形成一些高层关注重大项目的定期案例收割和开发对接机制，包括要开始对案例生命周期设定管理规范和标准，因为这时案例数量已经比较多了，如果不做新陈代谢，很快会让大家淹没在案例的汪洋大海里。

这一阶段可考虑的核心 KPI 是精品案例数量、案例向其他知识成果的转化率、引用数、引用率等。

而到了深化应用后期，核心是案例与细分场景的关联，如何开发复杂案例和案例演练课程，如何让案例嵌入业务流程，更多地培植土壤和文化，以用户视角的拉动为主，以组织视角的推动为辅。

这一阶段，除了可以继续沿用前期的考核指标外，案例库和知识社区的活跃度、高等级用户数量和比例、案例方法有效度等也可以作为衡量指标。

以上就是华为建设案例库和案例体系的总体思路，特别值得大部分企业借鉴的是华为的发展过程，是稳步推进，而不是大干快上；是多管齐下，而不是跛脚前行。

驱动员工产出案例的 3 个要素

巧妇难为无米之炊，案例开发的主体必然是一线的业务专家，案例是靠他们总结自己经验加工生产出来的。然而，他们日常工作极为繁忙，如何驱动他们愿意产出案例呢？靠行政命令显然不是长久之计，这里面可以借鉴的一个思路是福格行为模型。B. J. 福格（B. J. Fogg）是斯坦福大学著名的行为心理学家，他提出了一个著名的公式叫 B=MAP，即一个行为习惯（B）的背后主要受到三个因素的影响：第一个 M 是动机，第二个 A 是能力，第三个 P 是提示。

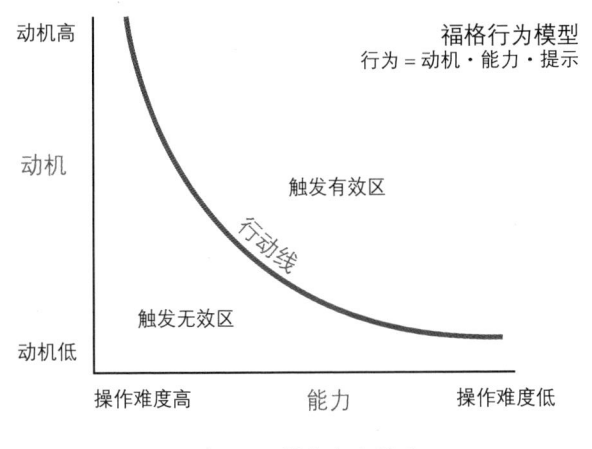

图 8-4　福格行为模型

就是说，要想让一个人养成某些行为习惯，或者克服某些不良行为习惯，第一从提升他做这件事情的动机入手，第二增强他的能力或帮他降低做这件事情的难度，最后一个就是给他必要的触发机制和提示,这三个因素加在一起就能最大程度保证行为的发生。

比方说一个人想早睡,那么首先他要提升自己早睡的动机,比如身体不太好,或者他感觉到早睡能让自己更有精神。其次是要增强他的能力,所谓的能力就是让睡觉的环境更舒适,另外也要降低早睡的难度,譬如让自己远离各种屏幕,把手机和平板放到自己够不到的位置。最后还需要营造早睡提醒,比如到点家里就会自动断网,或者家里的智能音箱会有提示:主人该睡觉了,这一来他就会更容易做到早睡。

说回案例的加工和生产,企业当然可以做很多动作去驱动员工产出案例,但是如果放到上面的这个框架下,我们会发现无非就是要从提升动机、降低难度、给予提示三方面着手。这里面最关键的就是要提升动机,因为这是人展开行为的基础,否则他就是被迫的,强扭的瓜不会甜。

那么怎么提升动机呢?我们要有用户意识,从员工的角度出发,想想员工如果愿意生产和开发案例,那他到底图什么?

这里我总结了一张图(图8-5),有两个基础,有三个驱动力。两个基础,首先是组织的机制和文化上要有保障,譬如不要让大家认为写案例是工作量不饱和的表现,或者是义务劳动,对自己一点好处没有。在华为的引导下,输出案例意味着团队喜欢学习,乐于分享,愿意为组织做贡献。同时在任职资格要求中规定了一个人要想评定更高等级的任职资格,就必须要输出一些案例、复盘总结的文档、课程等作为组织回馈举证的证据。

第二方面就是尽量不要变成强制和摊派,或者说直白点,哪怕不得不搞摊派,也尽量不要让员工觉得写案例是强制摊派的。因为

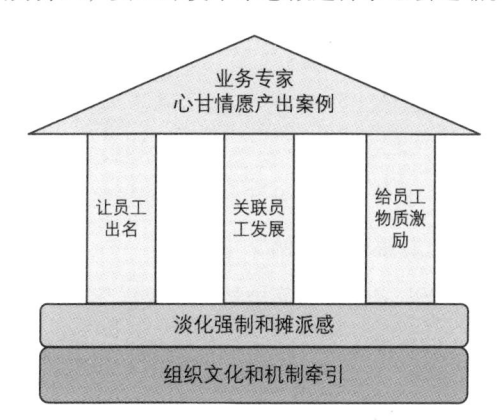

一旦外部动力介入，员工即使本来想做这件事也会退缩。

```
        业务专家
      心甘情愿产出案例

  让员工    关联员    给员工
   出名     工发展    物质激
                      励

    淡化强制和摊派感
    组织文化和机制牵引
```

图 8-5　驱动员工产出案例激励要素关系

有一个非常著名的小故事。一群小朋友每天都去一个老人家门前玩耍，吵得老人不得安宁，老人想了很多办法想赶走小朋友，但都没有什么效果。后来老人想了个办法，这一天，老人乐呵呵地走出门跟小朋友们说："小朋友们，感谢你们经常来我家门口玩耍，我平时一个人待在家里也很孤独寂寞，为了奖励你们这种陪伴行为，我给你们每人5块钱。"小朋友们一听，在这玩耍还有钱拿，非常开心，第二天乐呵呵又来了。第二天老人说："我钱不多了，今天只能给你们3块钱。"小朋友们有点愣神，但还是高兴地拿着钱走了。又过了一段时间，小朋友们再来，老人说："不好意思，我最近经济状况不太好，没钱了，但我还是欢迎你们常常来我门口玩耍陪陪我。"小朋友们一听很不满意，觉得以前有钱领，现在都不给钱了那谁还来玩啊，于是再也没有小朋友愿意来了。

这个案例生动地说明，如果人内在的动机被外在奖赏所捆绑，内在动力就会逐渐减弱其至丧失。那员工生产案例的内在动力主要来自哪几个方面呢？我归纳了三个驱动力：第一个是出名，第二个是发展，第三个是金钱。

所谓的出名，这里强调的是能够关联到员工真实关切点的出名，如果只是出个虚名在企业里没多少人感兴趣。消费品行业的黄埔军校宝洁公司也有很好的案例文化。销售一线特别喜欢给其他区域伙伴以及总部分享案例，然而宝洁并不提供酬劳也极少评奖，但大家为什么还是乐此不疲地分享案例呢？因为在宝洁，案例分享越多的人，越容易在总部挂上号。领导也会给予认可，认为该员工不光能做事，还善于总结，沟通表达能力也出色，对员工未来的发展有好处。所以，员工出了这种名，真的能够帮助他快速晋升。

再比如在腾讯，有一个非常著名的知识管理社区叫乐享，很多技术大咖从不在外面接受任何采访，也极少给公司输出正式的知识成果，但他们却很愿意在乐享上分享自己的经验、对技术趋势的看法等。很多员工因此长期跟帖，受益匪浅。要知道他们作为技术大咖，工作异常繁忙，那他们的动力从哪里来呢？原来腾讯的乐享像知乎一样，有等级认证，而且这个认证非常科学，大咖们非常看重自己在社区里的等级认证，这个认证虽然不能直接关系到金钱和晋升，但这个等级会转换成巨大的声望。等级认证即使出了腾讯大家也都认可，所以如果别人知道某个员工在这个社区里曾经是钻石级别，那代表他的技术绝对是顶尖的。

这两个案例说明出名本身没有用，但关系到员工的发展或自我价值认可的出名，对员工就有激励作用，用这个去牵引员工是非常有效的。

第二点是发展，这和第一点不一样，发展是实打实的。这就要求我们把写案例与员工的晋升结合起来，如果写案例能帮助他在人才发展项目中得到认可或积分，员工就会觉得这件事是有收获的，而不是为了满足某些部门（比如 HR 或培训部门）的一己私利做的义务劳动。

第三点是金钱，定期的奖励。举办一些最佳案例大赛也是需要的，而且华为的经验表明：奖金固然重要，颁奖仪式、奖牌、证书的设计有时更加重要。不过我觉得还是要优先考虑员工的内在动机，因为钱是有限的，不可能给的太多，所以这个部分有作用，但应与前面的两个基础和其他驱动力结合起来。

说完了提升动力，接下来再说降低难度，很多企业没有意识到这个部分。降低难度就是找业务专家写案例时，必须让他觉得这件事情在繁忙的工作之余不构成巨大的负担，最好是"无痛手术"。这里可以做几件事：第一，提供赋能培训模板，特别是样例。模仿是人类的天性，我发现这点非常重要，很多时候就是因为积累了各行各业、各领域的模板和参考样例，业务专家卡壳的时候，我们把这些东西呈现给专家，他们就能照猫画虎做出来，不然你喊破嗓子，他还是不知道怎么做。表 8-1 是华为的案例模板一览表，华为内部非常强调一把钥匙开一把锁，除了通用模板，还总结了专业案例模板，专业案例模板细分了很多类型，都是为了提升参考性和降低难度。

表 8-1　华为内部分场景案例模板一览表

通用模板		专业模板
小微个人案例	一事一得（心得）一问	营销案例模板 ➢ 解决方案销售案例模板 ➢2C 零售、服务案例模板 ➢ 渠道及合作伙伴案例模板 管理案例模板 研发案例模板 项目交付技服案例模板 ……
短中篇个人案例	STARR（背景 – 任务 – 行动 – 结果 – 反思）	:::
大型组织案例	文无定法	:::

所以模板非常重要，不能只提供一个指引、一个要求或一个框架，基于空荡荡的框架让员工写案例，很多人是写不出来的。

还有一个经常被忽视的点，就是案例要匹配业务和团队特点，不追求形式的统一和高大上，而是因地制宜，轻量化、小微化，更有生命力。

有一家非常知名的饮料企业，有一段时间，老板关注到他们的市场部门建立了一个内部知识社区，每天你来我往，问答氛围非常热烈。他觉得讨论的问题很有质量，于是要求销售部门仿照市场部门的做法也去采集一些案例。销售培训部门按照经典的案例模板STARR试着萃取和采集了一批案例后，发现这个事在销售部门基本上推不下去，收上来的案例质量也非常一般。

原因是什么呢？因为市场部门员工教育背景过硬，很多来自业界标杆企业，天天坐在一起，集中研讨交流非常方便，而且一直有这样的氛围。而销售部门是移动办公，工作节奏和市场部门完全不一样，很多时候都是在拜访客户，而且也没有使用电脑的习惯，大部分时间都是通过手机来浏览信息和处理简单的工作任务，所以用这种严肃、刻板的模板去采集长篇大论的案例，会让销售部门望而生畏。经过我的辅导，他们认识到了这个问题，通过多次迭代和测试，最终把销售案例的模板改得非常小微化，并且以身作则，先萃取和编写了一批样例，用来打样。比如一个销售在终端做门店促销活动，陈列是怎么卖进的，碰到什么问题，总结一两点经验，这在他们内部就是一个小微案例了。

这样试行后，一线非常欢迎，再经过一些运营的动作和机制上的破冰，一线提交案例的积极性大大提升，一个月时间就收集了上百篇案例，不少案例的浏览量都超过了 2000 次（公司员工也就 3000 人）。

这样的小微案例非常符合一线的需求，一线员工在手机上阅读和互动也非常方便，所以我们应根据业务特点设计案例的样式，降低难度要求，绝不能刻板地套用模板，因地制宜非常重要。

触发和提示部分我们放到后面的环节再来谈，通过以上内容，我想你已经了解了如何确保员工主动产出案例的意愿。

那么接下来要讨论的是如何让案例流转和使用起来。因为案例毕竟是为用户和一线员工服务的，如果他们不看、不读，案例就不能真正地被使用，那么所有前期的工作都是徒劳的。

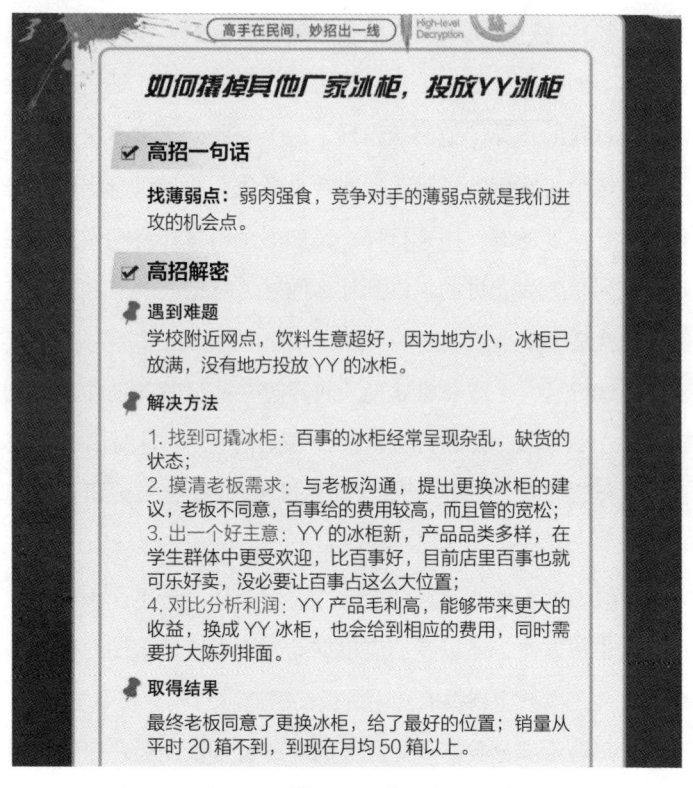

> **如何撬掉其他厂家冰柜，投放YY冰柜**
>
> ✓ **高招一句话**
>
> **找薄弱点**：弱肉强食，竞争对手的薄弱点就是我们进攻的机会点。
>
> ✓ **高招解密**
>
> 🔸 **遇到难题**
> 学校附近网点，饮料生意超好，因为地方小，冰柜已放满，没有地方投放YY的冰柜。
>
> 🔸 **解决方法**
> 1. 找到可撬冰柜：百事的冰柜经常呈现杂乱，缺货的状态；
> 2. 摸清老板需求：与老板沟通，提出更换冰柜的建议，老板不同意，百事给的费用较高，而且管的宽松；
> 3. 出一个好主意：YY的冰柜新，产品品类多样，在学生群体中更受欢迎，比百事好，目前店里百事也就可乐好卖，没必要让百事占这么大位置；
> 4. 对比分析利润：YY产品毛利高，能够带来更大的收益，换成YY冰柜，也会给到相应的费用，同时需要扩大陈列排面。
>
> 🔸 **取得结果**
> 最终老板同意了更换冰柜，给了最好的位置；销量从平时20箱不到，到现在月均50箱以上。

图 8-6 某知名饮料企业销售一线小微案例样例

围绕三点让案例流转和使用起来

我认为最主要的发力点有三个：第一个是找组织的切入点去获得势能，第二个是找员工的痛点，第三个是贴合员工应用的触点去让案例流动。

找组织的切入点获得势能的意思是说在不同的组织，案例开发的切入点会有所不同，这取决于组织的业务特点和领导关注点。

比如，华为最早做案例开发是从项目复盘总结经验的角度切入的。这是因为华为最早是做运营商业务起家的，全球运营商数量有限，总计也就 200~300 个，而项目高度相似且金额巨大，如果犯的错误不及时总结复盘，其他项目可能会继续犯同样的错，这对公司来说有很大风险。

而另外一家同样以案例见长的企业华润集团，他们的企业大学主要负责领导力的开发和培养，所以他们是从案例教学的角度切入的，开发的案例主要用来服务教学，这就是他们找到的切入点。

金融行业的巨头平安又有所不同。平安推案例和经验萃取最早是从个险业务起步的，因为个险业务中，保险代理人与保险公司是一种非常松散的合作关系，他们非常务实和功利，所以平安是从个人经验分享和案例分享的角度切入，提炼背后的所谓"一招鲜"来服务用户，这样能激发大家互相分享案例和背后的拓客良方，也获得了比较好的效果。

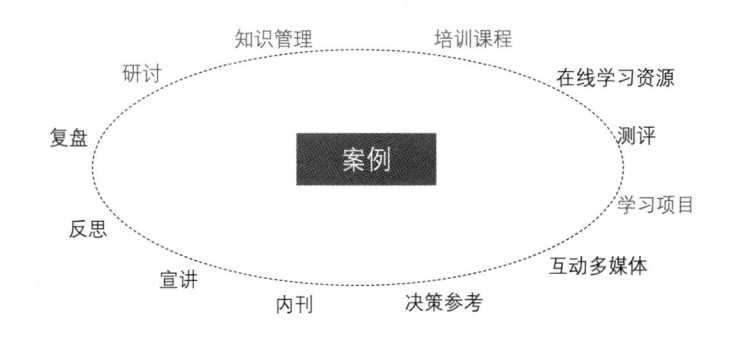

图 8-7　华为案例应用场景图

之前的章节中我们已经看到案例可以在很多方面发挥作用，图8-7展示了华为总结的案例可以发挥作用的一些点，每个组织要根据自己的实际情况去挑选合适的切入口，这样才能获得势能。

以用户视角找员工的痛点意思是说，不同企业的员工实际上本身就有收集案例的需求。一些2B的软件、工程、信息咨询公司，前端员工在做行业拓展解决方案时，天然地就会搜寻各种各样的模板，比如跟某家医院、银行、零售企业谈项目时，他们会第一时间寻找公司之前做过的行业案例，稍作修改后用于新的客户，所以他们的痛点是找行业案例、找模板。

再比如，消费品行业的销售人员会自然而然地去找同类行业的商超终端案例，了解如何破局、如何与老板谈判，就如同我们前面展示的饮料行业案例。围绕员工的这些需求，我们可以开发和构建相应的案例库，摸准这个部分，可以让案例流转事半功倍，因为这样案例会自然而然地加入员工的知识循环体系，而不是我们创造一套新的知识流传体系来让员工适应。

触点就是说，员工在不同时间、地点、场合下对知识案例的需求是不一样的。

华为内部开发的《为学》系列销售工作手册，精心组织业务专家萃取与开发是一方面，等到开发出来后，华为会识别员工的应用场景，除印制了精美的内部手册用来吸引内部订购之外，还在纸质版和电子版手册精彩案例页面提供了二维码，员工一扫码就可以链接到线上拓展精品课。还有，华为注意到很多员工在上下班的班车上有收听播客的习惯，特别是早上上班的时候，神清气爽，人精神也相对好一些，于是华为就选择在内部学习平台ilearning上专门开设了早班车充电的栏目，集中搭载这些知识内容，一篇 10 分钟左右。为了更好地触达用户，华为甚至还与班车运营部门结合起来，在班车上做一些推广，让员工在这个场合下主动点击学习。经过这些运营，手册和案例内容的打开率和完播率都有了明显提升。

腾讯也有类似的做法。腾讯学院之前提炼了 18 个管理场景的高频案例，后来发现这些案例打开的高峰期就是在员工能用上其中内容的时段前后。于是，腾讯每到固定时点，就固定推送相应内容。比如，关于绩效面谈的内容，在绩效评估启动的 2~3 周推送，大家的打开率就特别高。

所以我们要根据员工的实际应用场景去找到触达点，把这些想清楚之后，案例的推广运营才会有成效。归根结底有三点：第一是找组织的业务切入点来获得势能；第二是找员工的痛点来引爆效果；第三是找员工的应用触达点，在适当时机推送案例，达到事半功倍的效果。

展望 AIGC 时代案例的生产和应用

随着企业对知识管理和员工赋能的需求不断提升，传统的案例开发与知识库管理面临着越来越多的挑战，这些挑战不仅制约了企业的创新能力，也影响了员工的学习效率。2023 年 AIGC（生成式人工智能）的出现，为解决这些问题提供了全新的途径，AIGC 正在逐步改变并将深刻影响未来企业知识管理的格局。

AI 赋能案例倍速开发和交付

在 AI 技术的推动下，案例开发的速度和质量将会得到前所未有的提升。传统案例开发往往耗时耗力，涉及大量的人工参与，从选题到内容提炼，再到教学应用，每个环节都需要丰富的专业知识和经验。而在 AI 的赋能下，这些环节得以大幅加速，并且将在一定程度上实现自动化与智能化，使得案例开发效率提升 3 倍甚至更多。下面我根据个人一年多来的实践，具体探讨 AI 如何在各个关键环节提供支持，限于篇幅，我将重点放在案例选题定题和内容萃取开发环节上。

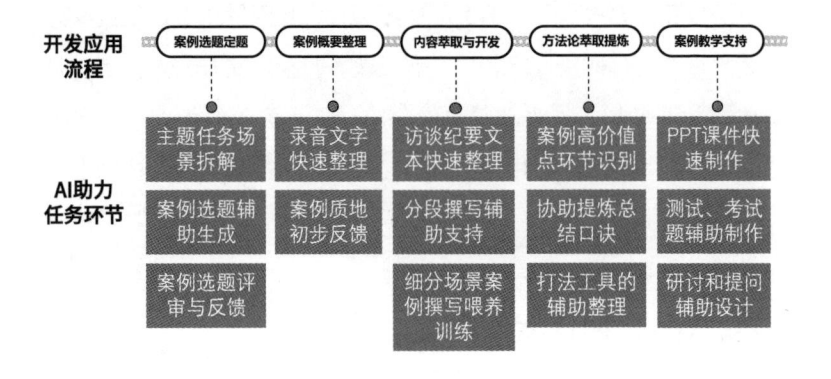

开发应用流程	案例选题定题	案例概要整理	内容萃取与开发	方法论萃取提炼	案例教学支持
AI助力任务环节	主题任务场景拆解	录音文字快速整理	访谈纪要文本快速整理	案例高价值点环节识别	PPT课件快速制作
	案例选题辅助生成	案例质地初步反馈	分段撰写辅助支持	协助提炼总结口诀	测试、考试题辅助制作
	案例选题评审与反馈		细分场景案例撰写喂养训练	打法工具的辅助整理	研讨和提问辅助设计

图 8-8 Deepseek 等 AI 助力三倍速案例萃取、开发与教学

1. 案例选题与定题

案例选题是整个开发过程的起点，也是最关键的一步。所谓"好题一半文"，在我带过的案例开发项目中，选题不当是出现频率最高的棘手问题。传统选题往往依赖于开发者的经验和需求调研，而 AI 则可以通过深度学习模型更好地理解组织的业务背景，加

上选题好坏样例的预训练，识别出具有潜力的案例选题。

AI 辅助任务场景拆解：借助 AI，可以细分选题的任务场景，系统性地拆解出具体的应用场景。以某科技企业管理案例的开发领域为例，AI 可以识别出不同的管理痛点，自动生成多个潜在选题，并对每个场景的关键要素进行标注，为开发者提供精准的选题建议。表 8-2 就是预训练 AI 提供的目标制定、分解与沟通这个主题下的备选案例主题，可以看出这些主题虽然不能一锤定音，但可以为后续的选题提供有效的输入和参考。

表 8-2 某科技企业目标制定、分解与沟通主题 AI 辅助案例选题拆解示例

目标制定与分解	沟通与执行	特定情境下的目标管理
• 如何在新产品即将上线前，设定并分解各部门的关键绩效目标？ • 面对突发市场需求，如何快速调整并分解团队的销售目标？ • 在团队扩编时，如何为新成员合理设定目标并分解任务？ • 如何根据不同能力水平的团队成员，分解复杂项目中的个人目标？ • 年度业绩压力很大时，如何设定并分解季度的销售目标？ ……	• 如何在市场低迷时，向团队沟通调整后的绩效目标？ • 如何在团队内部通过有效沟通，确保每位成员理解目标分解？ • 如何在执行困难时，及时与团队沟通并调整目标期望？ • 如何在团队士气低落时，积极沟通并分解短期可达成的小目标？ • 如何在团队会议上有效沟通目标设定背后的逻辑？ ……	• 在项目交付周期缩短的情况下，如何快速调整团队目标并确保执行？ • 当核心成员离职后，如何及时调整团队目标并稳固士气？ • 如何在新技术迭代频繁的环境下，设定灵活的绩效目标？ • 在激励政策调整后，如何有效设定新的绩效目标并传达至团队？ ……

案例选题辅助生成：基于预训练并植入的选题话术，AI 还能利用预训练模型生成选题，帮助开发者在不同的场景中探讨和验证选题的可行性，这样可以确保选题过程更加系统化和结构化，减少了人为主观判断的误差。这种方式不仅提高了选题的精准度，还加快了选题评审的效率。

案例选题评审与反馈：当有大量的案例选题需要生成时，譬如组织举办案例开发大赛期间，利用外部预训练的通用 AI 智能体或企业内部 AI 知识库，可以批量化地对员工提交的案例选题进行评审和反馈，节省人力。

2. 案例内容萃取与开发

访谈纪要的快速整理：这个部分专家可以通过跟 AI 的对话，把 AI 变成一个倾听的访谈对象，从而帮助自己把案例的文字撰写过程变成一个聊天过程。之后 AI 强大的语音转文字和识别功能将快速整理出案例文本初稿，并且进行语病和表达调校。

分段撰写辅助支持：案例文本的撰写目前来看很难借助 AI 全部完成，特别是中长篇案例的撰写，必须分段。这时需要训练 AI 对分段文本书写要点和格式进行熟悉，然后用来支持分段的撰写。在此过程中，分段不误整体功，慢就是快。

细分场景案例撰写训练：在上面我们提到过，案例开发走向深入后不能只有一套案例模板。如上所述的经典 STARR 模型很难匹配适应多类业务和多场景的案例开发，这时就需要开发多场景的案例模板。不同模板在不同场景下如何匹配和选用，这对人来说将是一个非常烦琐且难以把握的麻烦事，但如果有 AI 的协助，经过预训练，它将会非常灵活自如地根据提示进行多场景模板调用，辅助生成不同场景的案例文本。

综上，AI赋能下的案例开发不仅仅是效率的提升，更是开发过程的全面变革。通过在选题、骨架整理、内容开发、方法论提炼和教学支持等环节的深度参与，AI让案例开发从传统的线性模式变为高度智能化的过程。未来，随着AI技术的不断进步，案例开发的速度和质量将进一步提升。譬如根据案例文本和要点，借助可灵、SORA这样的文生视频大模型，可以快速整理生成相应的场景化案例短视频，利用AIPPT、WPS AI等工具一键生成情景案例课程PPT，甚至整合业务专家在不同终端，如手机、电脑等留存的事件线索，自动生成案例文稿和经验文档，这些今天看来还遥不可及的幻想，也许短短1~2年内就会成为现实。我们必须要保持对AI技术的关注和学习，善用工具，为学习和创新提供源源不断的动力。

AI赋能的案例和知识库将会大放异彩

传统案例与知识库的缺点如下。

1. 知识生产效率低下

在案例加工生产的传统模式中，通常依赖少数专业人员来产出内容。此类方法虽然确保了内容的权威性和专业度，却限制了知识创作的多样性，同时忽视了员工在知识生产中的主体地位。其直接后果是，企业难以搜罗到组织内部广泛的经验和智慧，导致知识内容可能趋于单一、缺乏创新。

这种生产模式不仅限制了知识库的广度和深度，也暴露了知识更新速度的问题。员工的日常工作以及企业的决策依赖于准确且最新的信息。随着业务环境的快速变化，对于知识的时效性要求越来越高。

然而，传统的知识生产模式由于缺乏实时的反馈机制，往往难以捕捉和反映组织内部和外部信息的变化，进而导致了一个核心问题：知识生产与更新速度远远落后于业务需求和员工对新鲜、实用信息的渴望。

而 AIGC 和知识库的结合，将会彻底改变这一现状。

案 例
某律所利用AI知识库一举多得

作为典型的知识密集型行业，律所一直面临各方面挑战。首先律所的人才培养高度专业化且实践性强，律师需要具备扎实的法律理论基础和丰富的实践经验，能够有效地处理真实案件并与各方进行沟通和协调，而律师事务所通常采用"师带徒"的培养方式，培养效果取决于师父的指导水平和责任心。此外，无论新老律师都需要不断学习实践案例，总结经验和规律。

在这些背景下，以往律所的知识管理主要是将内容上传至资料库，缺乏系统性的归纳和整理，导致查找效率低下。培训通常是一次性的，重复利用率和转化率低。

AI技术的出现为律师能力的快速提升提供了新机遇。K律师事务所将专家、高质量文本和AI平台优势进行整合。优秀的领域专家应总结经验，并进行分类、打标签、注明背景信息，高质量的文本应由可信来源的律师编辑，并满足客户需求。最后，AI平台应确保呈现给律师的是高质量和良好体验的知识。那么具体是如何整合的，以下是发生在K律所的一些真实故事。

（1）知识管理：AI赋能，让组织经验"活"起来

① 知识生产端

K律所利用某大厂知识管理和团队协作平台，使所有工作人员能轻松实现自主学习。K律所的律师每月会定期上传典型案例，AI助手快速生成摘要并加上分类标签，最后实现日常推送。

目前AI助手已经定义了旷真六类产品化服务的300个案例标签分类，律所宝贵的经验资料都能快速形成体系化知识库，并进行分类管理，便于员工调用，显著提升检索和学习效率。

此外，大量案例文档和课程内容的生产也是一个挑战。

AI助手可以辅助撰写大纲和文稿，并生成知识点和课后考题。借助腾讯乐享的AI能力，减少了大量繁杂的归纳和整理工作量。

AI助手可以在几分钟内出几百道题，准确率达到98%左右。培训后，从培训视频转文字，再到知识点提炼一条龙，都交给AI处理，提高了效率又节省了人工成本。

② 知识消费端

在K律所，一位被称为"AI带教律师"的神秘而专业的AI助手为律师们提供帮助。

律师们表示："我只需向AI助手提问，AI就能从已有的知识

库中提炼总结出答案,并列出相关文档的链接作为参考。这大大节省了我整理诉讼资料和准备庭前工作的时间。过去可能需要好几天的案情准备,现在半天就能完成。"

此外,员工可以对AI的回答进行反馈,实时提醒内容作者进行修订,管理员也能在后台跟进和分析,促进知识的迭代。

通过权限管理,AI还能根据提问者的不同权限提供不同的回答。

例如,一个有薪酬权限的HR询问"K律所的薪酬怎么算?",AI会给出详细回答;而一个没有薪酬权限的普通员工提问时,AI则会回答"抱歉,无法提供"。

AI知识管理平台与K律所的ERP工作系统关联,AI能自动识别个人在工作项目流程中的节点,并根据个人的工作节点提供相应的工作支持资源。

从员工主动寻找知识到通过工作流程定位推动知识的主动分享,这一变化极大地促进了员工的工作效率。

K律所利用平台及AI助手,实现了知识生产、学习和管理的全生命周期提效。

(2)建设学习型组织:连接知识与人

利用"乐问"和"知识群组"功能,K律所培养了一种积极的自主学习文化,旨在促进员工的内部交流和协作,从而提升团队的效率和创新能力。

其中,"乐问"功能通过关联标签和负责人,能快速实现专家答疑、技术交流和对话负责人等功能，为工作提供直接的参考和指引，提升工作效率；而"知识群组"功能实现了与知识库的有效链接，鼓励员工自发分享和讨论。

通过内容促流转机制和丰富的推送与激励方式，员工能便捷地利用知识库，覆盖了知识的沉淀、分享、查找和复用的全流程。

在AI平台上，律所高管团队也积极参与员工互动，并定期回复"乐问"中的热门帖子。除了高管的积极示范外，员工的主动参与更为重要。

从目前平台上的52页员工发帖页面和1000多条帖子中，可以看出员工参与的热情和活跃度。

K律所借助其专业学习知识的大量积累和业务场景案例的快速沉淀，显著降低了企业的学习成本并极大地提升了组织能力。

律所从2017年的300人规模到2024年已经超过了1200人，公司人数增长了3倍，同时业务量也显著增长。

知识沉淀方面，目前，K律所已在乐享平台导入超过40000份内部知识文档，沉淀了6500多篇案例，形成了专属AI知识库；组织了460多场内部考试和873场企业培训，多种社区及活动也活跃了内部知识交流。

员工体验方面，该平台助力K律所打造了高效的学习协作模式，让每位员工都能快速成长并享受优质体验。员工平均每天访问社区平台超过10次，可见其影响力。

据企业内部调研，员工对AI回答的典型问题的满意度高达93

分,端到端问题的准确率达到91%。

根据该知识管理平台统计的大数据,使用AI平台后,企业员工的知识获取时间平均每人每次节省了5~10分钟;新员工的上手速度也提升了50%。

降本增效,乐享平台的上线,让K律所的培训人力成本降低10%。

从机会成本的角度来看,该平台还降低了员工离职率约10%,同时员工的平均学习成绩也提高了约10%。此外,K律所预计还能大幅提升合伙人的培养效率,包括:

· 一名律师成长为合伙人所需的时间从平均5~8年缩短至4~6年;

· 成为合伙人的比例从大约10%~20%提升至20%~30%;

· 培养一名合伙人的成本从大约130万元降低至70万元。

从这个案例中可以看到,K律所借助AI+知识库,从生产端、消费端激活了组织的知识资产,对准知识输出和应用的痛点,提供了更加智能和个性化的解决方案,改善了用户使用体验,把知识和背后的人更加紧密地联系在一起,从而助力降本增效的实现。

2. 知识库的静态化和过时

传统的知识库大多是静态的,内容一旦录入,往往很少也很难更新,导致信息老化和冗余。这种静态的知识库难以应对业务的快速变化,员工在使用知识库时,经常无法获得最新的、与当下情境匹配的案例和信息，最终导致知识库利用率低，价值难以充分体现。

AIGC与知识库的结合，将在深度学习和训练基础上，自动规避错漏和过时的信息，生成更有生命力的内容，从而在很大程度上解决这一问题。

案 例
RT医疗行业AI知识库助力提效率优体验

在2024戴尔服务生态伙伴和渠道交流会上，荣联科技集团资深技术专家王向东做了《RT医疗AI案例与实践》主题分享。

作为AI应用服务提供商，荣联AGI平台通过整合多种大模型，提供全面的大模型服务，包括数据获取、预处理、特征工程以及基于通用大模型生成专有模型的训练和推理。通过知识库系统、智能应答以及代码生成等功能，支撑企业的场景化AI应用开发。

在医疗行业，基于荣联AGI平台知识库管理的智能应答机器人提供文本生成、自然语言翻译等多元化功能，具有可靠性与可扩展性、性能优化和兼容性等独特优势，已经成为医院重要的AI医疗辅助工具和运营助手。

作为医院重要的AI医疗辅助工具，目前大模型与知识库的结合应用涵盖了以下内容。

病历内容生成：通过知识库和大语言模型，辅助医生完成病历内容填写。

药物功能说明:将药品说明书上传到知识库,通过交互问答的方式为患者提供更加有针对性的药品说明内容。

数据特征点提取与解析、病历/病案数据结构处理:采用自训练的大语言模型,将非结构化的数据转换为半结构化或结构化数据,可同时支持提取关键性数据辅助分析场景使用。

医疗资料生成、病理因果发现:结合自训练大语言模型,可在医疗领域形成医疗助手,辅助客户完成资料生成、病理因果发现等。

医学/医疗工具箱:提供开箱即用的小工具,比如文献查询、文档翻译等。

知识图谱生成、影像分析:基于知识库、大语言模型和多态模型的能力,辅助完成关键图谱内容提取和影像数据分析等。

作为医院重要的运营助手,涵盖了以下内容。

知识库和问答库功能:提供文档上传,供平台完成知识库内容的构建。通过创建或导入问答数据集,可以实现智能应答服务(并关联知识库内容深入挖掘知识内容)。

数字人功能:基于底层的知识库和问答库内容,使用自然语言检索到结果后,通过自然语言转音频加上人物形象驱动数字人说话和构建微表情,最终以数字人的方式响应客户问题。

AI大模型在医疗领域的未来发展趋势将对医疗行业和患者产生深远的影响。随着技术的不断进步和应用场景的不断拓展,荣联

> 也将不断进行技术创新和产品升级，助力医疗行业客户技术升级，为患者提供智能化、高效化和个性化的服务体验。

3. 知识应用的割裂与断层

即便企业成功开发了高质量的案例，如何将这些知识和经验有效应用到员工的日常工作中，依然是一个巨大的挑战。传统的知识库和案例通常以阅读材料或教学内容的形式存在，与员工的实际工作场景脱节，无法做到即学即用。这种割裂和断层，不仅降低了知识的实际应用效果，也让员工在面对工作中的实际问题时，难以找到合适的解决方案。

而 AI 的另一个显著优势在于其能够实现知识的即学即用。通过与业务流程的深度融合，AI 可以在员工工作过程中，实时提供相关的案例和解决方案，使学习和应用紧密结合。

> **案 例**
> # 一个美容院也能用AI提升客户服务体验？
>
> 在2024年《时间的朋友》跨年演讲上，罗振宇分享了一个案例。王坤是深圳一家直营连锁美容院的创业者，经营着一项非常非常传统的业务。

然而，他却用非常新锐的思想把AI用得风生水起，他不把AI看成工具而是看成人，他认为，既然AI工具就是工作伙伴，那怎么用人，就要考验你为它们发明工作场景的能力了。

通常情况下，当客人进到美容院房间的时候，美容师都会准备一张欢迎卡，上面写着："您的房间刚刚消过毒，请放心使用。有任何需求，欢迎随时联系你的美容师。"

反正都是这种套话。王坤觉得这里就可以用上AI，顾客进门，美容师递上的是AI生成的个性化欢迎词，如一首包含顾客名字的藏头诗。

比如，有一个全国著名的"帅哥"徐志胜要是来了，没准就会看到这么一首藏头诗：徐志胜美。例如：徐徐春风暖人心，志在四方意自真，胜景常伴眉间笑，美丽相逢缘始深。

有人说，这不尴尬吗？但实际上真正来消费的客人们表示很喜欢。

关键是，这种藏头诗，几秒钟生成一张，要多少张有多少张。这些都是他们给顾客写的欢迎卡。

你可以想象，客人进了房间，看见这个，内向的人心头一暖，外向的人就忍不住要发个朋友圈。下次客人再来，还能给他换一首新的。

放以前，写首藏头诗，合辙押韵，这得多好的文学素养！要是再要求一天写二十首，谁能有这本事？现在，这儿任何一个中专毕业的美容师都能干。

> 所以，王坤就说："AI不是一个简单的降本增效的工具。因为降本也好，增效也好，都是单一维度的改变。AI真正的用处，是让原来不可能的事情变得可能。"

其实，某服装品牌 CIO 的 AI+ 知识库应用与王坤不谋而合，他们用 AI 辅助导购给定制西服的客户生成专属藏头诗，大幅提升用户购物体验。最终得出的结论是：相比降本，AI 更大的作用在增效上。

这种知识的实时应用，大大缩短了员工从学习到应用的时间，使得职场学习不再是干扰和耽误工作流程的脱岗环节，而是工作的一部分，真正实现了即学即用。

未来已来，AI 赋能的知识库和动态课程体系将引领职场学习方式的变革，帮助企业和员工在不断变化的环境中，保持竞争力和创新力。

附录
相关的精品培训

系统学习并参加课程是了解案例赋能工作法，将其运用在企业赋能及人才培养实践中最快速有效的方法。以下课程是笔者结合了项目实践，精心设计，并且在不同类型企业落地验证过的精品课。目前所列为通用版本培训课程，以下课题，相关内容、案例、演练均可根据企业实际情况进行定制和调整，也可以拓展相应的微咨询和辅导项目。

《华为从不浪费经验》偏向于案例赋能工作法的底层逻辑和思路梳理与体系搭建，服务于对整体方法论的把握以及整套方法亮点的系统了解；《AI赋能的文化价值观案例萃取》偏向于应用华为价值管理萃取和开发的方法，批量产出有共鸣、可传播的价值观案例，《AI赋能的倍速案例萃取与案例教学》偏向于对准实战业务场景，批量萃取开发落地的精品案例和情景案例微课，并在此基础上赋能案例教学，更适用于专业领域（例如营销、研发、管理）案例萃取与开发。如果您对以下精品培训或者开展相关项目感兴趣，欢迎垂询，联系方式 pangtao1979@outlook.com，还可以关注微信公众号"训战及经验萃取庞涛"（xuexitiyan）。

课程名称：集智创变—华为案例赋能工作法

课程时间：1 天（6~7 小时）

授课对象：

- 大中型企业中高层管理者。
- 培训中心负责人、文化及 OD 部门高级经理、HRBP。
- 培训及 HR 部门资深管理者。

课程目标：

- 帮助学员建立对案例赋能工作法的总体认知框架。
- 了解如何通过案例萃取、案例讲述及企业文化故事增强组织智慧和力量。
- 理解 AI 时代的案例赋能体系建设，并在企业内外进行应用。
- 掌握如何通过案例提升企业内部管理、文化建设及变革能力。

预期学习成果：

- 学员能够理解案例赋能工作法的总体框架及其应用场景。
- 掌握如何通过案例进行企业经验的有效萃取与传承。
- 了解如何通过案例故事推动企业文化传播与精神塑造。
- 理解 AI 技术对案例赋能体系建设的促进作用，并能够在企业内实际运用。

课程模块设计

模块一：重新认识案例赋能（30 分钟）

- 模块目标：帮助学员重新理解案例赋能的核心概念，树立大框架认识。
- 内容要点：
  ◦ 什么是案例赋能？

◦案例赋能与企业知识资产的关系。

◦案例赋能在华为的6大实际应用场景。

模块二：凝聚智慧——案例作为经验载体（2.5小时）

- **模块目标**：理解如何通过案例进行企业经验的萃取与运用。

- **内容要点**：

◦案例的定义与分类。

◦新业务与成熟业务的案例萃取作用及要点。

◦大型复杂案例开发的思路。

◦如何提炼和还原案例背后的方法论。

◦隐性知识萃取与直觉、洞察力主题的提炼。

◦案例与流程体系建设及优化——通过案例优化企业业务流程。

模块三：激荡人心——案例作为故事源泉（1.5小时）

- **模块目标**：理解如何通过案例讲述企业故事，提升企业文化的认同感和传播力。

- **内容要点**：

◦价值观案例与专业方法案例的异同。

◦如何实现文化价值观案例的"真""感""人"。

◦企业文化价值观案例提炼的两种思路和模板。

◦案例如何传播和推广文化价值观案例。

◦企业文化故事的打造与传播。

模块四：塑造支柱——案例作为精神发端（1小时）

- **模块目标**：通过案例建立企业精神，赋予员工更多的内在动力和责任感。

- 内容要点：

◦ 案例中的精神传承——从企业案例中提炼精神支柱。

◦ 案例如何激励员工，增强员工的归属感和责任感。

◦ 案例与企业变革——案例作为推动企业变革的工具。

模块五：AI 时代的案例赋能与体系建设（1.5 小时）

- **模块目标**：理解如何在 AI 时代下构建更高效的案例赋能体系，适应现代企业管理需求。

- 内容要点：

◦ AI 技术在案例萃取与管理中的应用。

◦ 如何运用 AI 构建案例库，提升案例开发与使用效率。

◦ 案例库体系的搭建与规划。

◦ 从传统案例库到 AI+ 知识库的打造

◦ AI 赋能下的案例教学创新。

AI 赋能的倍速案例萃取与案例教学

课程背景

您及您的企业是否正面临以下挑战：

• 技术或业务专家离职导致相应宝贵知识资产的流失。

• 明显看到有的区域、有的业务条线业绩扶摇直上，而经验却无法挖掘出来推广出去。

• 过了跑马圈地占山为王的急速扩张期，运营流程急需标准化和沉淀。

• 企业或行业特殊性强，业务疑难问题缺乏外部参考经验或外部经验基本用不上。

这时，您急需的就是专家经验的高效提炼与复制，案例是其中的重要形式。据统计，对 90% 的企业而言，真正能解决问题的大咖和智慧在内部、在一线，如何将这些专家的经验提炼萃取出来并复制推广到更大的范围，或者体系化沉淀下来为企业所用，这将是一个比外请顾问或者大咖性价比高很多的明智决定。

所以华为轮值 CEO 徐直军说："企业最大的浪费是经验的浪费。"最有用的大咖就是一线的业务专家！

课程收益

• 深入了解华为训战结合的学习理念及其中案例萃取所扮演的

角色。

- 识别案例萃取最能发挥价值的 6 大典型业务场景。
- 学会辨别 4 种不同类型复杂度的任务进行场景还原。
- 掌握 S.C.A.R.E 专家智慧挖宝图及淘金 7 问等工具，帮你总结挖得出、用得上、能落地的案例成果。

目标学员

- 希望总结并推广部门或关键岗位成功经验的业务管理者。
- 承担挖掘整理自己最佳实践分享给他人任务的业务专家、技术专家。

内容要点

课程模块	内容要点
正确理解案例	● 双轮驱动学习与组织学习 4 分法 ● 案例萃取、经验萃取、课程开发的关联与区别 ● 案例与伪案例的 4 大区别 ● 破解案例开发常见 3 大症结
搞定案例选题	● 什么样的内容适合开发案例 ● 做好案例选题颗粒度拿捏的两把尺子 ● 沿着业务热点和主题选题 ● AI 赋能紧贴业务流程和场景选题 ● 演练：个人案例选题演练及辅导

（续表）

课程模块	内容要点
案例深度挖掘	• 大中小型案例区分 • 3 类业务场景下最经典的适配案例架构 • 用 S.C.A.R.E 专家智慧挖宝图搞定案例梗概 • 利用 AI 工具加速案例梗概评估及优化 • 演练：梳理案例梗概及骨架 • 深挖干货的淘金 7 问及两两演练 • 利用 AI 辅助延展案例细节 • 演练：访谈深挖案例关键要点和细节 • 让案例生动有趣的 5 个要点 • AI 辅助案例润色及摘要、标题打磨 • 案例撰写练习及辅导点评 • 演练及辅导：案例撰写及优化
提炼套路方法	• 识别案例当中的关键价值点 • 围绕关键价值点 AI 辅助提炼案例背后的套路和方法 • 3 类结构化建模方式—表单化、口诀化、模型化 • 销冠话术的提炼诀窍 • 业务流程落地最后一环 SOP 的提炼总结要点 • 尝试给自己的案例提炼一图一表一口诀 • 最常用的 4 类模板提炼与总结实战要点 • 演练：提炼总结案例背后的方法论 • 撰写案例的 4 要 4 不要 • AI 辅助案例标题起名与优化 • 总结与下一步

（续表）

课程模块	内容要点
玩转案例教学	● 避开案例教学的3个大坑 ● 华为案例教学的4度评价标准 ● 体验带入型案例和演练巩固型案例 ● 案例教学5步法 消—问—呈—引—结 ● 案例教学引导提问设计的四环一塔 ● AI辅助设计案例教学优质问题 ● 演练：案例提问设计模拟演练 ● 带领案例研讨的3大棘手挑战及应对 ● 总结点评的3个层次和3大工具 ● 修炼自己案例引导当中的聆听和状态 ● 演练：案例研讨点评实践

源自华为的 AI+ 文化价值观案例萃取与开发

工作坊背景

您及您的企业是否正面临以下挑战：

• 企业文化价值观标语张贴在墙上，就是去不到员工心里。

• 刚刚提炼或者刷新完企业文化，却苦于不知如何在公司里形成有黏性的推广传播。

• 新晋员工对企业文化价值观感到抽象和陌生，无法同化和理解，导致企业文化稀释。

• 面对新生代员工，传统的企业文化宣教手段陈旧过时，无法得到他们认同。

这时，您急需的就是企业文化传播素材的高效提炼与复制，价值观案例和故事是其中的重要形式，华为为推进自己的文化价值观传播落地，先后提炼了上千个企业文化价值观故事与案例，出版了 6 本图书，拍摄了上百条视频。

工作坊收益

• 深入了解企业文化价值观案例的本质及其中案例萃取所扮演的角色。

• 能够区分价值观案例与业务经验案例、领导力案例的区别。

• 学会提炼自己的经历撰写能够引起共鸣的企业文化价值观

故事。

- 掌握如何讲好价值观故事的 4 个要点，形成自己的价值观案例作品。

目标学员

- 希望总结并推广企业文化价值观工作的业务管理者。
- 承担挖掘整理自己亲身经历或见闻分享给他人的职责的价值观模范、业务和技术专家。

内容要点

课程模块	内容要点
正确理解 文化价值观案例	●到底什么是文化价值观？ ●价值观的行为体现与行为印证 ●案例：华为和宝洁如何将价值观融入日常行为 ●文化价值观案例与经验萃取案例的 4 大区别 ●价值观案例故事开发常见 3 大症结
搞定价值观案例 选题	●什么样的内容适合开发价值观案例 ●做好案例选题颗粒度拿捏的两把尺子 ●如何选取有深度有共鸣的价值观事件 ●撰写价值观案例选题的 6 度话术 ●AI 辅助价值观案例选题和定题 ●个人案例选题演练及辅导

（续表）

课程模块	内容要点
价值观案例深度挖掘与提炼开发	• 价值观案例常见的 3 种布局谋篇思路 • 用 B.R.A.V.E 框架搞定案例梗概 • 借助 AI 工具协助快速产出案例梗概 • 案例梗概的评估及优化 • 价值观案例两两访谈萃取 • 利用 AI 工具协助快速整理访谈稿形成初稿 • 深挖案例的提问大纲及两两演练 • 凸显案例冲突和纠结点的 4 种细节 • 让文化价值观案例生动有趣的 5 个要点 • 案例撰写练习及辅导点评
价值观案例的运营和推广	• 价值观案例落地推广的 3 大核心挑战 • 锁定文化价值观案例的 3 大势能点 • 四化推动文化价值观案例真正落地 • 打造价值观案例的不同载体 • 价值观案例在"95 后""00 后"员工的传播方法
讲好价值观故事（初阶）	• 讲述价值观故事的通用思路 • 如何让故事的核心画面栩栩如生 • 如何在价值故事讲述中加入互动 • 用好实物和道具，倍增故事的力量 • 两两讲述演练及辅导点评 • 文化价值观案例故事起名的 4 种常见方法 • 总结与下一步

参考文献

[1] 田俊国，原继东. 激活课堂［M］. 北京：机械工业出版社，2023.

[2] 加里·克莱因. 如何作出正确决策［M］. 黄蔚，译. 北京：中国青年出版社，2016.

[3] 邓斌. 华为成长之路：影响华为的22个关键事件［M］. 北京：人民邮电出版社，2020.

[4] 庞涛. 华为训战［M］. 北京：机械工业出版社，2021.

[5] 毛万金. 华为变革法［M］. 北京：中信出版社，2021.

[6] 吴晓波，等. 华为管理变革［M］. 北京：中信出版社，2017.

[7] 史蒂夫·格莱迪斯. 教练型领导［M］. 王玮，仲方亮，译. 北京：机械工业出版社，2016.

[8] B. J. 福格. 福格行为模型［M］. 徐毅，译. 天津：天津科学技术出版社，2021.

[9] 田涛. 华为系列故事：枪林弹雨中成长［M］. 北京：生活·读书·新知三联书店，2017.

[10] 田涛. 华为系列故事：黄沙百战穿金甲［M］. 北京：生活·读书·新知三联书店，2017.

[11] 田涛. 华为系列故事：一人一厨一狗［M］. 北京：生活·读

书·新知三联书店,2020.

[12] 约瑟夫·坎贝尔.千面英雄[M].黄珏苹,译.杭州:浙江人民出版社,2016.

[13] 保罗·史密斯.故事的魅力:优秀领导都是讲故事的高手[M].尹鹏,译.北京:中国电力出版社,2015.

[14] 尤瓦尔·赫拉利.人类简史[M].林俊宏,译.北京:中信出版社,2014.

[15] 田涛.理念·制度·人:华为组织与文化的底层逻辑[M].北京:中信出版社,2020.

[16] 帕蒂·麦考德.奈飞文化手册[M].范珂,译.杭州:浙江教育出版社,2018.

[17] 奇普·希思,丹·希思.瞬变:让改变轻松起来的9个方法[M].姜奕晖,译.北京:中信出版社,2014.